専門チームでマーケターの
生産性を上げる米国発の新常識

MOps
「マーケティングオペレーション」の教科書

ゼロワングロース株式会社
丸井達郎・廣崎依久

MarkeZine BOOKS
SE SHOEISHA

はじめに

■グローバルとの差が開く戦術設計

私たちゼロワングロース社はスモールチームですが、全員が海外や外資でグローバル標準のマーケティングを学び、運用した経験があります。**その中でグローバルと日本で大きな差があると気づいたのが、マーケティング戦略をどう実行に落とすかを定義する「戦術設計」の部分です。**

日本のマーケティング現場ではマーケティング目標の達成に対して戦略を敷き、ウェビナーをやってみよう、イベントをやってみようとすぐに「実行」に移す傾向にあります。一方でグローバルでは戦略をどのような人員配置で、どのテクノロジーツールを使い、どのようなプロセスで実行すれば一番効果が出るか、もしくは効率が良いかと「戦術」を熟考します。このデータを分析することで、使用するチャネルはもちろん、ターゲット層や施策のタイプなど様々な要素を軸に施策効果を可視化し、マーケティング活動の全体最適化を続けているのです。この戦術設計こそ、再現性を持って施策を実行する重要な鍵です。

■MOpsが生まれた背景

しかし、「マーケター」は広告運用、コンテンツ制作、イベント運営、データ分析、マーケティングオートメーション（MA:Marketing Automation）の運用まで、実に幅広い責任範囲を任されています。チャネルやテクノロジーツールは爆発的に増え、その専門性や複雑性も上がっている中、施策の実施に加えて戦術設計も行うのは現実的に難しくなっています。

そこで、**実務者であるマーケターと、テクノロジーツールやプロセス、組織体制などを管理運用するマーケティングオペレーション（MOps:Marketing Operations）という役割に分かれ、それぞれ専門性を持つようになったのです**。まだ日本では語られることが少ないものの、マーケティング部門全体の管理を司るMOpsの重要性は広がるばかりです。

本書はデータやテクノロジーを活用できるマーケティング組織へ変革したい、属人的なマーケティング運用から脱却したい、マーケティング活動の質を高め、効率的なマーケティング戦略を実現したい、というような悩みを抱えている経営層、マーケティング責任者、そして現場でご活躍されるマーケターの皆様の道標となれるよう、執筆いたしました。本書が皆様のマーケティング成功の一助となりましたら幸いです。

ゼロワングロース株式会社　丸井 達郎、廣崎 依久

ダウンロード特典のご案内

著者が運営する「MOps Japan」のウェブページ上では、本書の読者様に有用な5つの無料コンテンツをご用意しています。

- 【01GROWTH監修】MOps Japan会員様限定無料オンラインラーニングコース
- マーケティングオペレーション（MOps）入門ガイド2023
- マーケティングカレンダーテンプレート
- マーケティング・インサイドセールス・営業チームのサービスレベルアグリーメント（SLA）テンプレート
- マーケティングキャンペーンリクエストフォームテンプレート

ぜひ以下のウェブページからダウンロードください。
▼MOps Japan
https://www.marketingoperations.jp/member-contents/contents

※ご利用にあたっては、01GROWTHウェブサイトの利用規則等をご確認ください。

序章 マーケティングオペレーション（MOps）が注目されている理由

第1章 MOpsの役割

第2章 MOpsの体制づくり

第3章 顧客価値を創造するオペレーションモデルの設計・運用

第4章 成果を可視化するレベニュープロセスマネジメントの設計・運用

第5章 業務を最適化する生産性ダッシュボードの設計・運用

第6章 自社に最適なテクノロジー選定と構築

第7章 MOpsの進化と展望

第8章 MOpsリーダーズの実例インタビュー

［凡例］

※表やグラフ等が海外の資料の場合、著者が適宜翻訳をしています。

※第8章の各社の役職等は、取材時2023年3月時点の情報です。

序章

マーケティングオペレーション（MOps）が注目されている理由

01

思ったようにシステムやデータ活用が進まないマーケティング現場

私たちは仕事柄、マーケティングに関わる経営者、マーケティング責任者や担当者などあらゆる立場の方とお話ししますが、皆さんが口を揃えて言うのは、「高価なシステムを導入したが使いこなせない」「データはあるはずだが、使い方がわからない」「成果がよくわからない」「担当者が退職して本人しかわからないことが多くてどうしたら良いものか」という悩みです。

マーケティングを活用した成長戦略に注力される時代において、テクノロジーやデータの活用は重要なテーマとなりました。紙媒体や展示会など、オフラインの施策であったとしても、何らかの形でシステムやデータが介在します。どのようなマーケティング活動においても、収集した顧客データを収益データと紐付け、マーケティングの効果を可視化して施策の改善に役立てることが求められています。さらに、複数のシステムを組み合わせて、データドリブンに施策を実行することも重要です。

しかし、これらのテクノロジーの活用は企業の想定通りに事が運んでいるかというと、そうではありません。むしろうまくいっていないと感じている企業の方が多いのではないでしょうか。

マーケターの仕事とは何か？

以前からマーケターは、市場や競合の分析力とクリエイティブな発想力でターゲットを見極め、自社の製品やサービスの価値を顧客に発信し、企業の売上、成長をけん引する大切な役割を担っています。

「マーケット調査や施策結果の分析をもとにマーケティング施策の企画をする」、「クリエイティブな発想でコピーライティングや広告物を作成する」、「クラウドシステムの仕様を理解し、最適なテクノロジーを導入する」、「収集されたビッグデータを分析し、レポートやダッシュボードを構築する」。これらはマーケティングの現場で度々要求される仕事です。**しかし、この全てはマーケターがすべき仕事、そもそもマーケターができる仕事なのでしょうか。**

変化するマーケターへの期待値

文系の大学や企業でマーケティング（マーケティング部署がない企業であれば営業や事業開発部門など）を学んできた方に、「これからはデジタルの時代だからクラウドシステムの仕様をきちんと理解して使いこなしてね」「これからはデータ活用が命だからRやPythonを使ってデータサイエンスしてくださいね」とお願いするのは、プロバスケットボール選手に対して「明日からプロ野球選手を目指してくださいね」と言っているのと同じくらいハードルの高いことです。

中には、実際にこれを成し遂げられるスーパーマーケターも存在しますが、本当に一握りいるかいないかの世界であり、そのような人材を採用できている企業は極めて少ないでしょう。

マーケティングの現場でシステムとデータを活用する専門職が存在する

欧米では「マーケット調査や施策結果の分析をしたうえで、マーケティング施策の企画をする」、「クリエイティブな発想を持ってコピーライティングや広告物を作成する」といった以前からあるマーケターの仕事と、「マーケティングの課題解決にクラウドシステムの仕様を理解し、最適なテクノロジーを導入する」、「収集されたビッグデータを分析し、レポート・ダッシュボードを構築する」といったデータやシステムの活用を推進する仕事は、同じマーケティング組織に属していても、別の部署でそれぞれ別のスキルを持った人材が専任しています。**これらの仕事をマルチにこなせる人材など、ほとんど存在しないからです。**

そして、このデータやシステムの活用を推進する仕事のことを「マーケティングオペレーション（Marketing Operations：略称MOps）」と呼んでいます。

02

マーケティングオペレーションとは？

「マーケティングオペレーション（以下MOps）」という言葉は、外資系やSaaS企業では馴染みがあるかもしれませんが、まだまだ日本全体では認知度の低い言葉です。マーケティング組織のデータやシステムの活用を推進するために、マーケティング活動の管理体制やプロセスの構築、そしてその運用を行う役割を指します。

MOpsチームはよく「マーケティングとITの架け橋」と呼ばれており、実際に施策を実施するマーケターとIT担当者の間に入り、業務を進めています。つまり、IT部門と共通言語で会話ができるくらいクラウドシステムやデータマネジメントの知識が必要とされ、従来のマーケターとは異なるスキルが求められるのです。

Marketing Ops ProfessionalというMOpsのコミュニティが米国で550人を対象に行った2022年の調査では80％以上の企業が専任のMOps担当・チームがいると回

■ MOpsの業務範囲

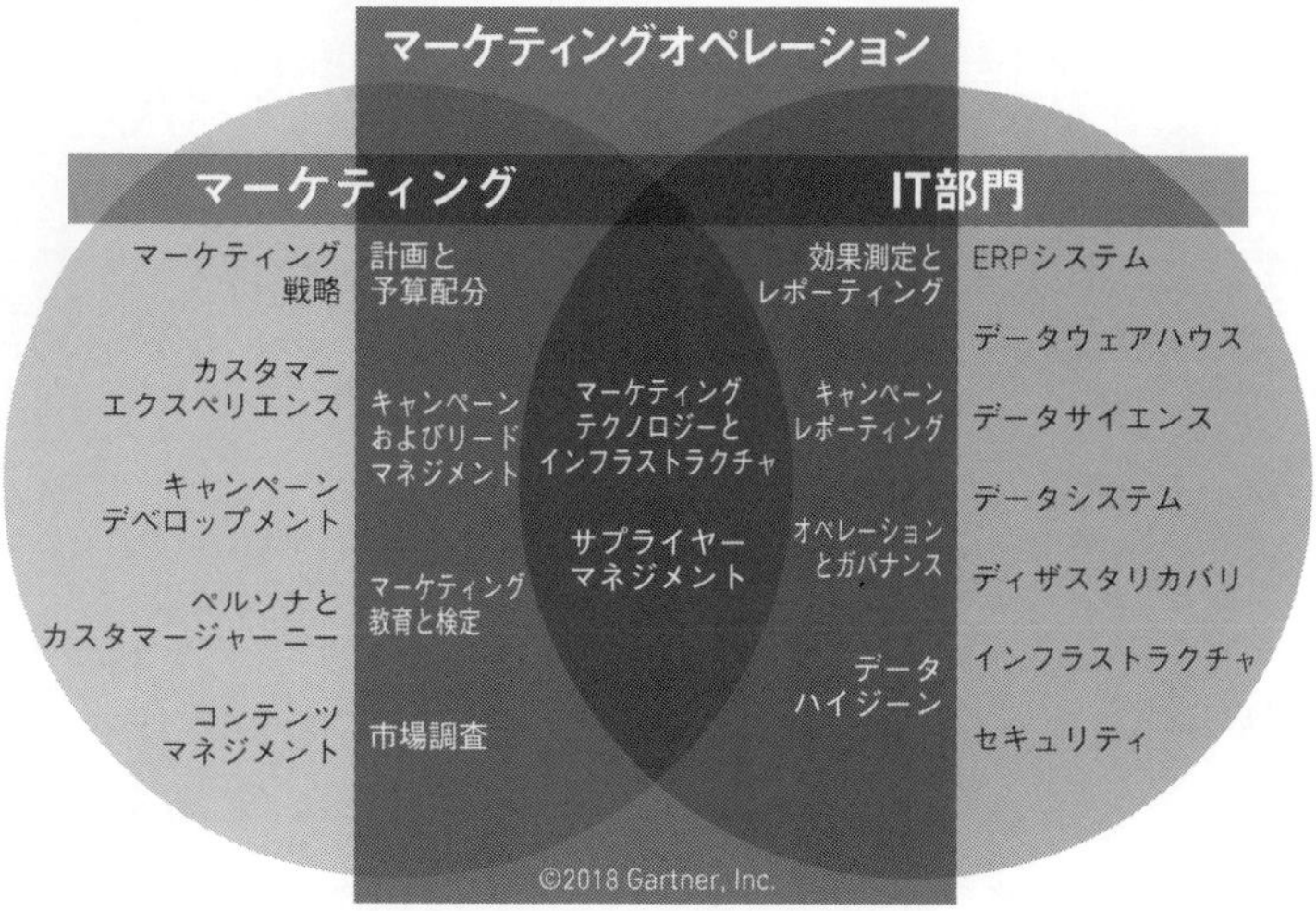

出所：ガートナー「Why Is Marketing Ops So Vital For Sales and the C-suite?」
https://blogs.gartner.com/marc-brown/marketing-ops-vital-sales-c-suite/

答しています※。マーケティングに関するテクノロジーの数が年々指数関数的に増え、マーケティングチームが取り扱うデータが膨大になっている今、国内でもMOpsのニーズが認識され始めています。その一方、MOpsチームの立ち上げにはマーケティングテクノロジーの深い専門知識と分析力、実行力を備えた人材が必要不可欠となるため、ハードルが高いと感じている企業も多いのが実態です。

細かなMOpsチームの業務内容は次章以降に譲り、ここでは代表的な業務について説明していきます。MOpsチームはマーケティングチームに所属しますが、**実際の施策の企画や運用などは行わず、システムやデータの管理、プロセスの管理・運用に徹**

※出所：MarketingOps「The State of the Marketing Ops Professional 2022」

し、舞台裏からマーケターの生産性向上などをサポートします。その業務内容は大きく次の4つに分けることができます。

❶自社に最適なマーケティングテクノロジーの選定・導入・管理・運用

マーケティングテクノロジーの選定と導入はMOpsの業務の中でも大変重要かつ難しいエリアです。これを効果的に行うには各ツールに関する知識など技術的な要件はもちろん、自社のマーケティングの現状や戦略、ロードマップなどのビジネス的な要件も理解する力が必要になります。

❷プロセスの策定とベストプラクティスの集約

導入したツールを部門内で活用を進めるためにプロセスを策定することが必要です。社内での運用ルールを策定し、ノウハウを一元化することで全社的なテクノロジー活用を推進します。

❸データマネジメントと分析

マーケティングチームが扱うデータは膨大になっています。他部門と連携し、マーケティングが収益に与えた影響を可視化するためには高度なデータマネジメントと分析スキルが求められます。DMPやBIツールの知識、そして分析に必要なRやPythonなどのプログラミングの知識が求められることもあります。

❹マーケティングチームのテクノロジー教育

プロセスを決めてもチームメンバーがその通りに動いてくれなければ意味がありません。文書やセッションなどを通して正しいツールの使い方や社内のルールなどを伝えることもMOpsの大事な業務の1つです。

これらの代表的な業務内容からもMOpsの業務は従来のマーケターのスキルや知識とは少し離れた位置にあることがわかると思います。MOpsチームが支援するのは自社のマーケティングチームです。そのため、マーケターにとってMOpsチームは縁の下の力持ちであり、MOpsがいる環境での仕事に慣れた方はMOpsのないマーケティングチームには行きたくないと言う方もいるほどで、極めて重要な役割を担っています。

03

高まるMOpsへの注目と投資

世界のCMOはMOpsへの投資を加速させています。デジタル時代のマーケティングにおいて、システムやデータ活用の重要度が増していることを考えると当然のことと言えますが、あらゆるリサーチでもその注力度合いが見られます。

米国の大手リサーチ会社、ガートナーが2021年にグローバルのCMOに対して行った調査（Gartner CMO Spend Survey 2021）によると、最も多くの予算を費やすと回答した分野として「デジタルコマース（12・3％）」、次に「MOps（11・9％）」が挙げられています。同じく米国のリサーチ会社のDimensional Researchが2021年にCMOに対して調査した結果レポートによると、「あなたのチームがもっと時間をかけて取り組みたい活動はどれですか？」という問いに対して、「マーケティング戦略」と「MOps」が同率1位で62％の回答を得ました。

■ CMOへのアンケート　あなたのチームがもっと時間をかけて取り組みたい活動はどれですか？

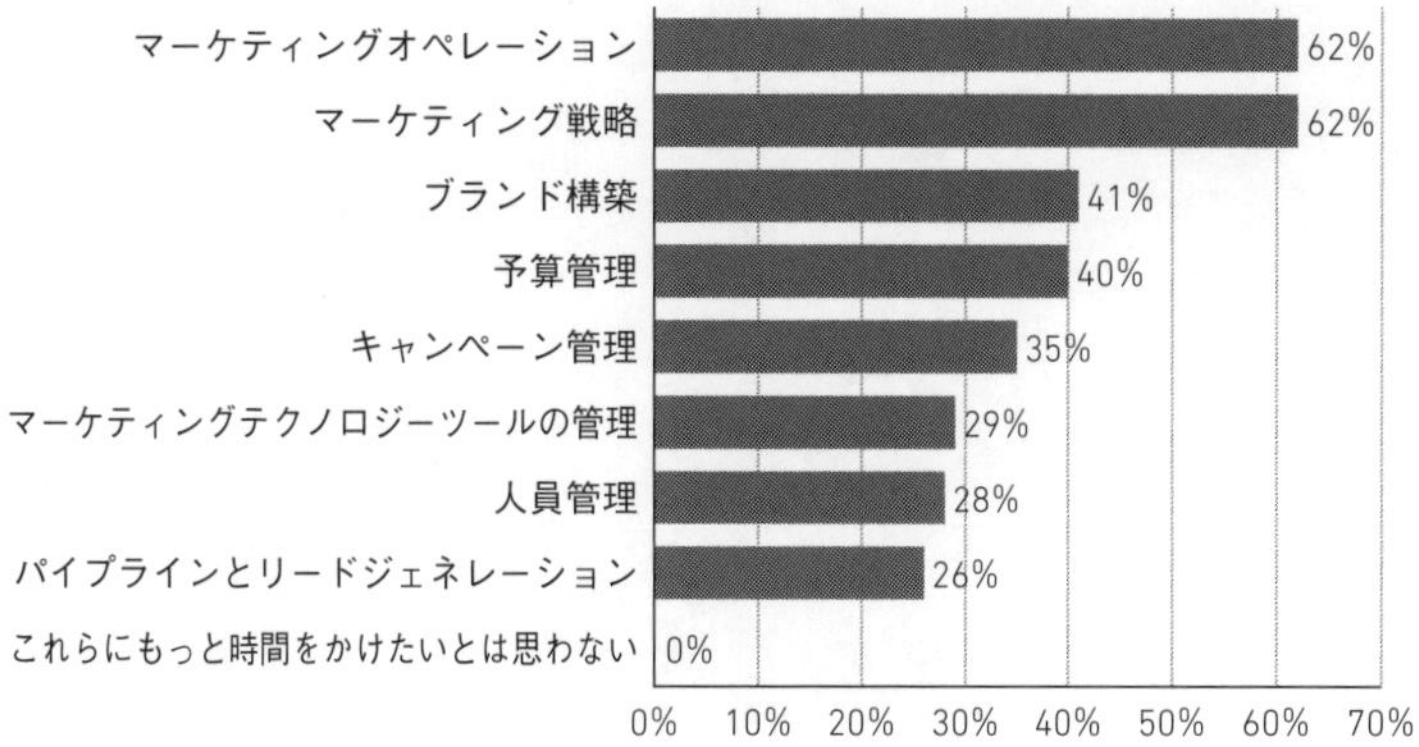

出　所：Dimensional Research「THE 2021 STATE OF MARKETING OPERATIONS A CMO Survey2021」

これらの調査結果からわかるように、マーケティングが成功を収めるためには、効果的なMOpsの構築が不可欠だと感じているCMOが多くいます。マーケットの状況が絶えず変化している現代で、データを活用して俊敏な意思決定が求められるということの表れでしょう。

また、MOpsへの投資がさらに加速した背景として、新型コロナウイルスの影響もあると言われています。

多くの組織がコロナ禍への対応に追われる中、俊敏な意思決定ができる組織に変わるため、CMOはマーケティングプロセスやオペレーションモデルの再構築に挑戦しているのです。

04

MOpsの歴史

ここまで、多くの企業がマーケティング活動をより効率的かつ効果的にするために、MOpsへの投資を増加させていることを説明しました。**まだ比較的新しい分野のように思いますが、広義な意味でMOpsの始まりは1920年代にさかのぼります。**MOpsを含むビジネスオペレーションサービスを展開するClearActionという会社が詳しく解説していますので、興味がある方はぜひご覧になってください（https://clearaction.com/the-history-of-marketing-operations/）。

MOpsの概念の普及

2005年ごろから「Marketing Operations」という言葉が使われるようになり、

レポートや記事の中でその重要性が強調されるようになりました。

その後、2006年にシリコンバレーで「Marketing Operations: How It Will Transform Marketing Forever」というMOpsに関するイベントが初めて開催され、立ち見が出るほどの盛況ぶりだったようです。そして、同年に最初のMOpsに関するコンサルタント会社、Marketing Operations Partnersがゲイリー・カッツによって設立されています。

2008年にはMOpsに関するフォーラム「マーケティング・オペレーション・シンポジウム」が開催され、同年、カリフォルニア大学サンタクルーズ校でMOpsに関する初の大学レベルでのコースが導入されました。

2011年にはIT・通信分野のリサーチ会社であるIDCがマーケティングで最も急成長している職種としてMOpsを挙げています。その需要は今なお強く、欧米でも人材の獲得競争が行われています。

一方日本では、MOpsの運用に欠かせないMAのベンダーが初めて参入したのが2015~2016年頃ですので、米国と比べると歴史は浅く、これから浸透していくコンセプトの1つと言えます。

05

Big Opsの中のMOps

MOpsの重要性を理解するうえで、Big Ops（ビッグオペレーション）という概念を理解する必要があります。マーケティングに限らず、組織全体のオペレーションモデル、Big Opsを構築するという考え方は、欧米では長く語られてきたところです。**Big Opsを一言で説明すると「複雑で膨大なデータを有効活用するための仕組み」や、「データと相互作用のある各オペレーションを分類し、それらを連動させながら企業活動を行うこと」となります。**詳しく解説していきます。

企業のデータ活用は3割程度

ビッグデータという言葉がバズワード化し、多くの企業が大量のデータを蓄積し、そこから「インサイト」を導き出すことに多くの時間とコストを投資してきました。データの収集と保存の仕組みはクラウドプラットフォームの登場によって比較的容易になりましたが、「そのデータを活用して、どのような競争優性を生み出すのか？」という本質的な答えは多くのケースで曖昧であるように思います。

IDCとSeagateによる2020年の調査（RETHINK DATA Put More of Your Business Data to Work— From Edge to Cloud）では、企業が本来活用できるデータの44％が収集されず、収集されたデータの中でも43％が未使用のままであると推定されました。実用化されているデータは全体のたった3割で、7割のデータは蓄積されているだけ、または活用できるのに表に出ていないのです。これを考慮するとデータ活用の可能性はまだまだ大きいのではないでしょうか。

Big dataからBig Opsの時代へ

毎年マーケティングテクノロジーランドスケープを発表しているchiefmartec.comも2022年の重要なマーケティングイノベーションテーマとして「コマース（Commerce）」や「ノーコード（No Code）」と並んでMOpsを含む、Big Opsを掲げてい

■ 2022年の3大マーケティングテクノロジーイノベーションテーマ

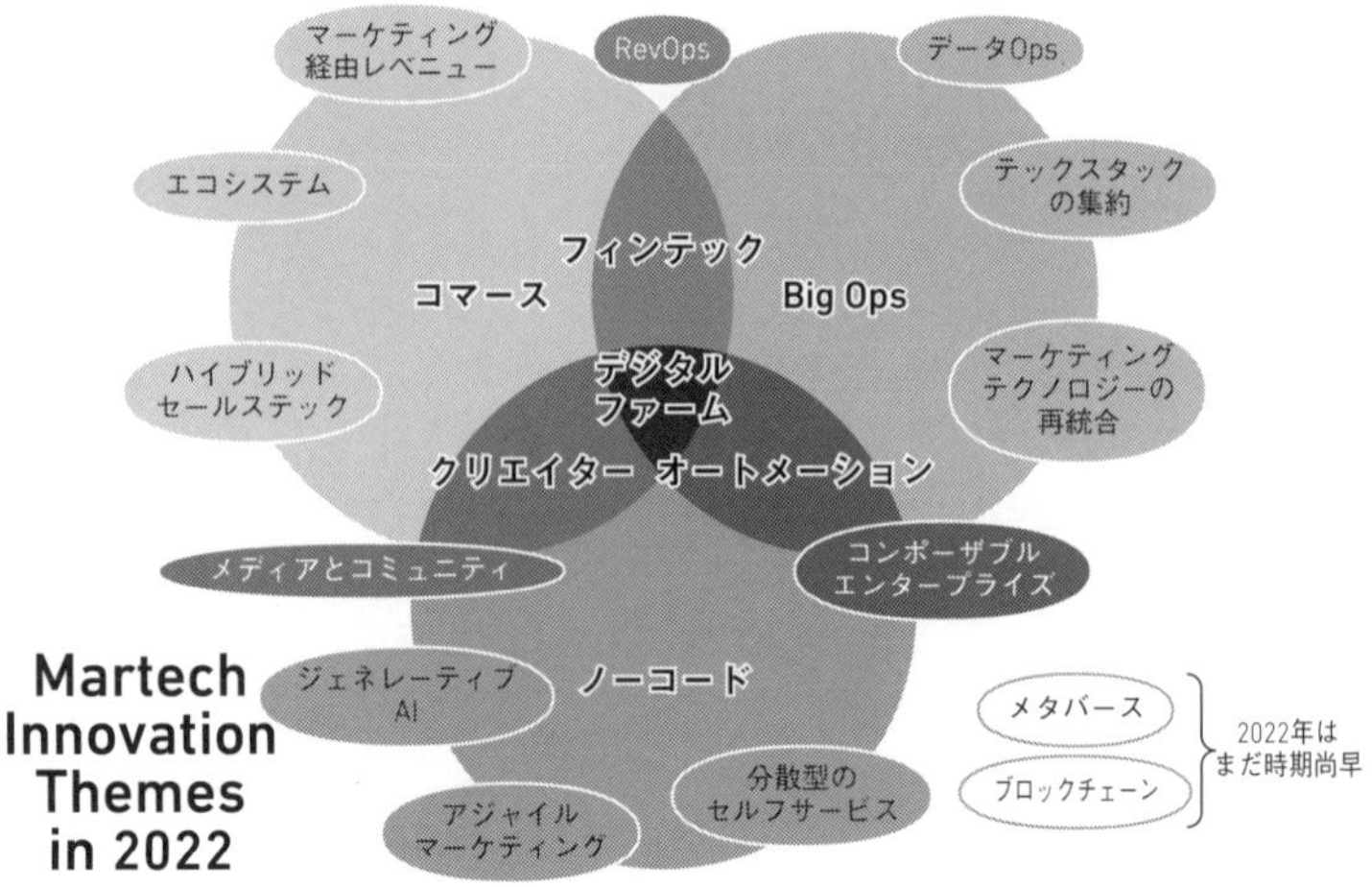

出所：chiefmartec.com「3 Big Martech Innovation Themes in 2022」
https://chiefmartec.com/2022/01/3-big-martech-innovation-themes-in-2022/

ます。

コマース（Commerce）やノーコード（No Code）については、日本でもよく耳にすることがあるかもしれませんが、Big Opsについての議論はまだ日本ではされていないのが現状です。欧米でBig Opsがこれほどまでに注目を浴びるようになったのには様々な理由がありますが、そもそも組織がデータを取り扱うように設計されていなかったという理由が挙げられます。

データ活用を推進する組織・オペレーションモデル

デジタル時代の今、企業活動のどの部分においても膨大なデータが発生します。企業はデータの収集から加工、分析、そして活用というデータマネジメントを行う必要があり、これらのデータを効率的に活用するためには、それぞれの部署が適切なデータを適切なタイミングで適切な形で運用できるような仕組みをつくる必要があります。つまり組織自体がデータを取り扱いやすい組織モデルに変更する必要があるという考え方が浸透してきました。

データを最大限に活用するための仕組みやプロセスなしに「とりあえずデータを集めて、使えそうなものを使っていこう」と曖昧にデータを一所懸命集めても、データの管理コストが膨らむだけです。「そのデータを活用してどのような競争優性を生み出すのか？」という本質的な目的に立ち戻り、見るべきデータの適切な特定、収集、管理、加工、そして分析からインサイトを得る、という一連のプロセスは属人的に行えるものでも、またシステムを導入すれば解決するものでもありません。データを活用するのはあくまでも企業であり、組織です。**組織自体がこれらのデータを適切に処理できるよう、オペレーションモデルを構築することが求められているのです。**

もともとこのオペレーションという考え方はデータやシステムを活用してシステム開発現場のコラボレーションやプロセスを強化し、生産性を高める専門チーム、DevOpsが起源になっています。そのスキルやノウハウは組織全体に広がり、今ではカスタマーサクセスやリーガルといった部署でもオペレーションというコンセプトを運用しています。32ページの図を見るとMOps（マーケティングオプス）はSales Ops, Customer Success Ops, Growth Ops, Web Ops, Loc Ops, Product Ops, Data Ops, Partner Opsと実に様々な部門と関わっているのがわかります。レベニュープロセスにおけるマーケティングの責任範囲が増えている今、**このように様々な部署と連携しながらデータの活用をすることは大前提になっているのです。**

ただし、これらは一般的なオペレーションチームの一覧であり、この他にも数多くのオペレーションチームを運用しているケースもあります。また、これらのオペレーションチームが全ての企業に必要なわけではありません。

さらに各役割の主なツールをこのダイアグラムに当てはめてみると、33ページの図のようになります。これは代表的なツールを挙げたものですから、組織によってはもっと多い場合もあるでしょう。顧客とのタッチポイントのほとんどがデジタルに移った今、これらのツールを使いこなすことはもちろん、複雑化したプロセスの中でデータを通して顧客を理解することが求められています。マーケティング、営業、IT、カスタマーサービスなど様々な部署と密接に連携しながら企業活動を進め、データを適切に管理、保管、活用する仕組みを作るためにも、組織全体のオペレーションモデルが必要不可欠になっているのです。

日本にも各ビジネステーマのトップベンダーが続々と進出しています。例えば、Sales OpsやRevOps領域のツールを提供するXactly（エグザクトリー）、CS Ops領域のツールを提供するGainsight（ゲインサイト）などが2021年頃に日本へ進出しました。この他にも多くのトップベンダーが日本へ進出し、サポートを提供しています。**マーケティングに限らず最先端のシステムはいつでも入手可能な状態ですが、一方でそのツールやシステムを活用するためには、組織のオペレーションモデルの変革が必要です。**ここに大きなギャップがあると本来のシステムの価値を発揮できません。これこそが冒頭で述べた多くの企業で語られる「思ったようにシステムやデータ活用が進まない」という課題に直結しているのです。

■ デジタルオペレーションを集約するBigOpsの領域①

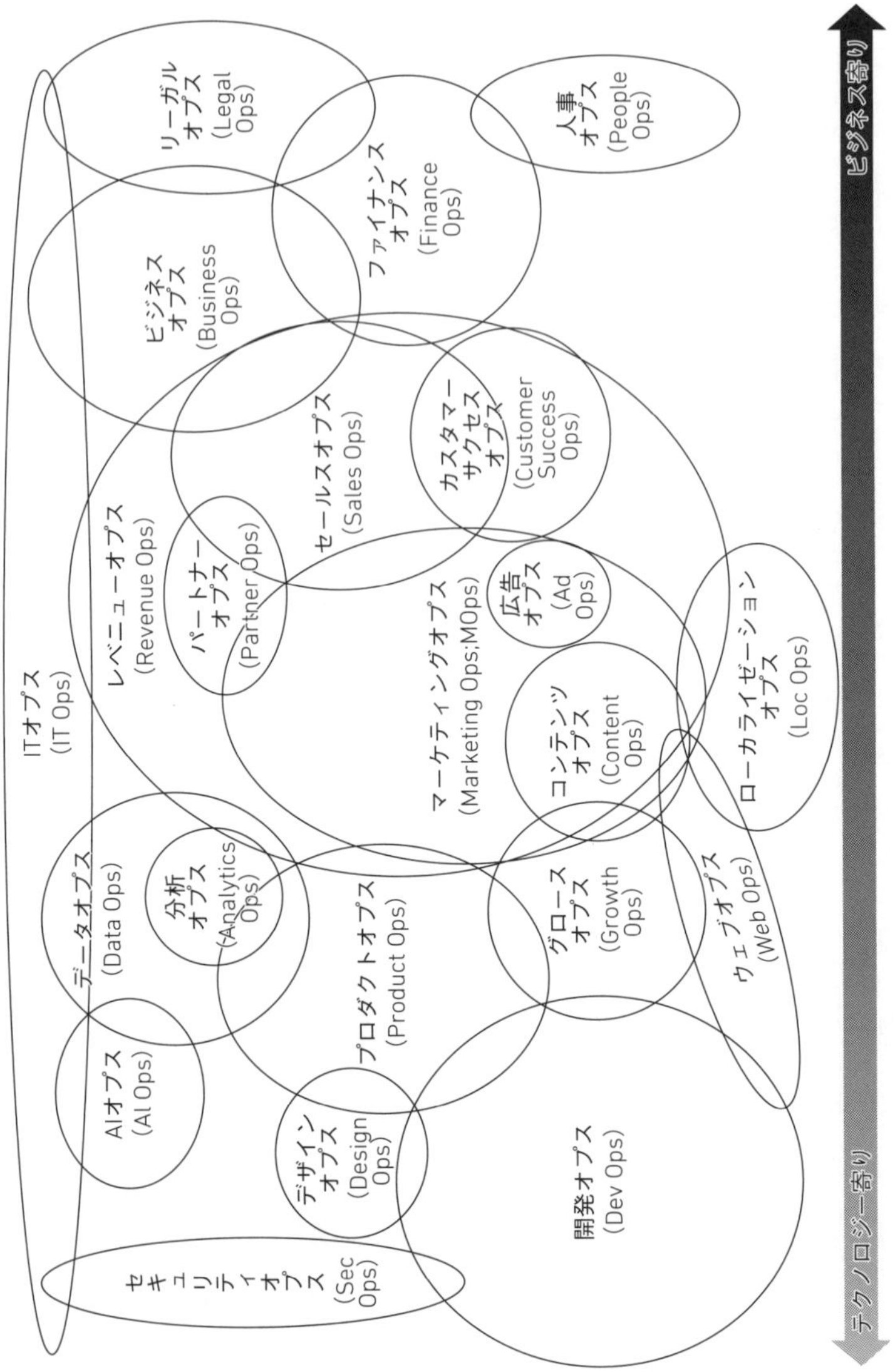

出所：chiefmartec.com「Big Ops: Converging Digital Ops Domains and Toolsets」
https://chiefmartec.com/2020/11/big-ops-converging-digital-ops-domains-toolsets/

■ デジタルオペレーションを集約するBigOpsの領域②（ツールの分類）

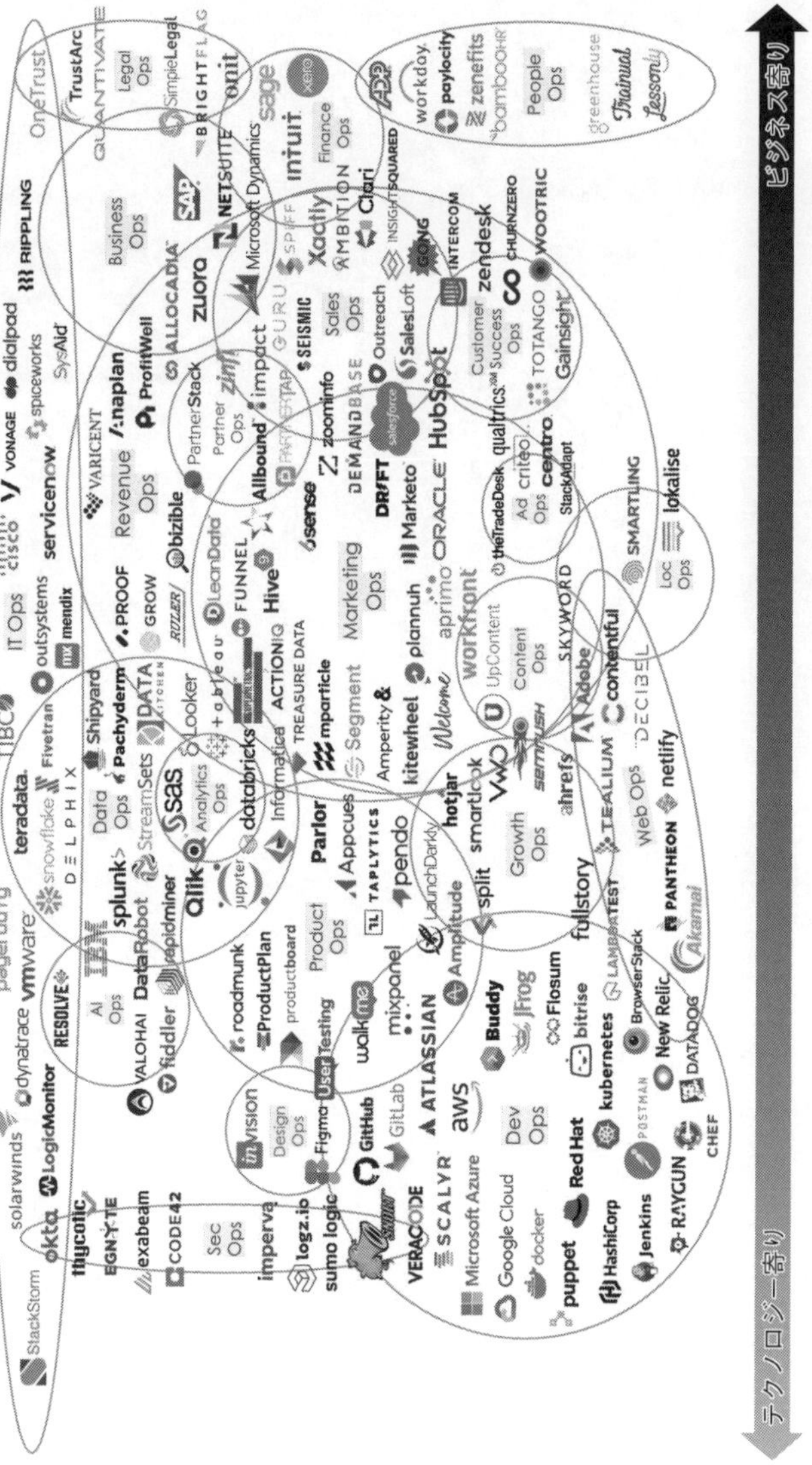

出所：chiefmartec.com「Big Ops: Converging Digital Ops Domains and Toolsets」
https://chiefmartec.com/2020/11/big-ops-converging-digital-ops-domains-toolsets/

06

マーケティングの効果と生産性を証明することが求められている

以前からマーケターに求められていたマーケット分析や調査、そしてクリエイティブな発想は、データを活用できる現代でも極めて重要なスキルです。しかし、そのクリエイティブな発想を最大限に活用し、顧客に届けるためにはデータやテクノロジーの活用が不可欠になりました。

マーケティングチームが何をしているのかと言われる理由

組織の中にマーケティング組織がある企業も、ない企業もありますが、多くのマーケティング組織またはそれに近い役割を持つ組織が共通して抱える課題があります。

それは「マーケティングチームは何をやっているのかわからない」という周囲の認識

です。

実際に私たちも事業会社のマーケターを経験しているので、その認識はなんとなくわかるところがあります。営業部からのオーダーに対して広告代理店と打ち合わせをして、適切なチャネルとクリエイティブを作成し、イベントの出展であれば終日運営を頑張り、場合によっては炎天下の中、1日中ビラを配るようなこともありました。「これだけ頑張っているのに、なぜ会社の人は自分たちの功績を認めてくれないのだろう」と感じた経験のあるマーケターの方も多いのではないかと思います。

これはマーケティング活動の効果を数字で証明できていないという根本的な問題が原因となっています。それに加え、マーケターの生産性を誰もマネジメントしていないという課題もあります。

似たような扱いを受けてきたのが営業部門でした。多くの企業が営業活動の生産性を向上させるために、SFA（Sales Force Automation：セールスフォースオートメーション、営業支援システム）システムを導入して営業の活動管理を徹底し、活動の可視化や営業1人当たりの生産性を高める取り組みを行ってきました。それ以前は、営業は外で遊んでいるのではないか？とあらぬ疑惑の目を向けられた経験がある方もいらっしゃるのではないでしょうか。現在は決まった営業プロセスの中で、1日にかける電話の件数や訪問件数などのKPIが設定されており、受注までの一連のプロセスが可視化されています。また、これらのデータをもとにハイパフォーマーの活動分析を行い、具体的な行動指針や指標のアドバイスをする企業も増えています。これはまさに企業が組織としてプロセスを定義したうえでデータとシステムを活用し、その生産性を高めたケースです。

昨今では、マーケティングでも同様の動きが世界的に広がり、大きな転換期を迎えています。これまでブラックボックスとなっていたマーケティング施策の企画から実行、システムの設定などのマーケティング活動のあらゆる側面をプロセスとして定義し、**マーケター1人当たりの生産性を可視化することでより高いROI（Return On Investment：費用対効果）を生み出すマーケティング組織に変わりつつあります。**

この動きの中で、MOpsは標準化されたプロセスを組織的に運用するモデルへ変わっていくための重大な役割を担っているのです。

07

オペレーションモデル構築を通じた組織変革が必要とされている

これまで解説してきた通り、MOpsは現代のマーケティングにおいて極めて重要な役割を担っており、「高価なシステムを導入したが、きちんと使いこなせていない」「データはあるが、使い方がわからない」「成果がよくわからない」「担当者が退職して本人しかわからないことが多くてどうしたら良いものか」といった悩みを解決する本質的かつ組織的な取り組みです。

マーケターに何でも任せようというう考えでは、システムやデータの活用は進むどころかますます属人化が進み、結果としてその効果を数値で検証することが大変難しくなってしまいます。

日本のマーケティングは欧米と比較して遅れていると言われる点があります。実際に使用しているマーケティングツールや、実行している施策レベルは大して変わらな

■ 日本のマーケティング課題は戦術部分にある

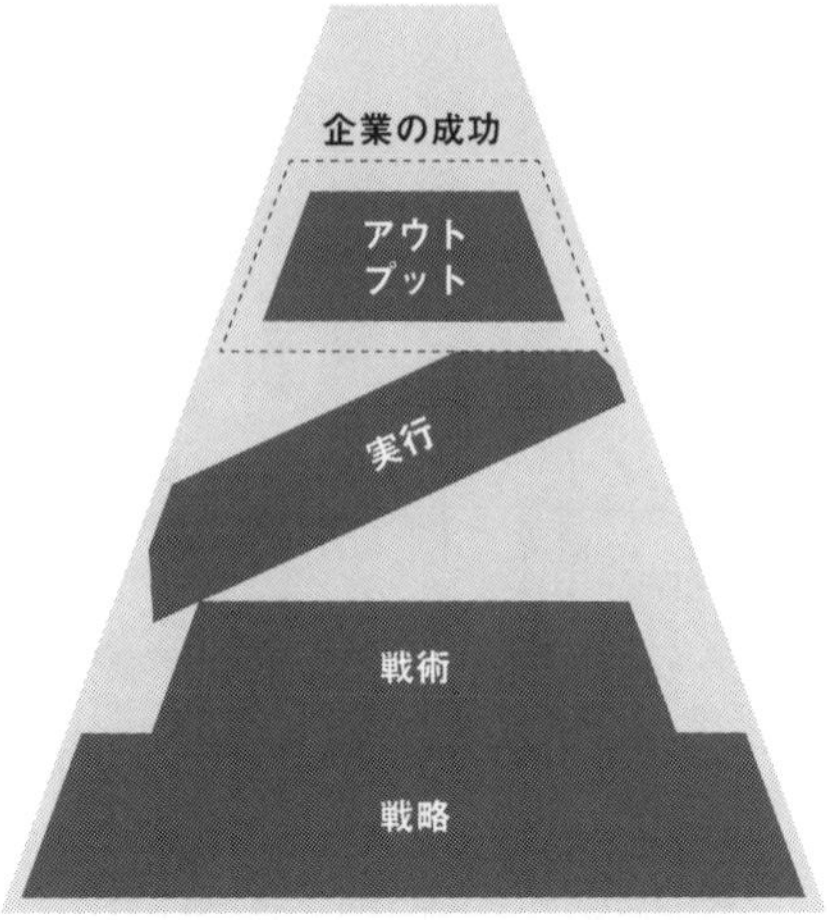

企業の成功
■収益、ROI

アウトプット
■収益分析、施策効果、インサイト分析

実行
■マーケティング・営業活動

戦術
■プロセス、測定計画、組織デザイン、人材、コミュニケーション、データ、ワークフロー、テクノロジー

← 多くの課題の原因

戦略
■デジタル戦略、競合/市場分析、ゴール、ロードマップ

いのですが、データやシステムを駆使し、組織として再現性を持ってマーケティング活動を行っているか？という問いに対しては残念ながら大きく遅れていると答えざるを得ません。

標準的なフレームワークの理解

圧倒的に差があるのはマーケティング戦略をどのようなプロセス、組織、データマネジメントモデルなどを活用して実行するのか、という戦術立案の分野です。システム開発で言うところの要件定義に当たります。この重要な部分を飛ばして、マーケティング施策を乱立しても組織として再現性のある取り組みとは言えず、たった１人

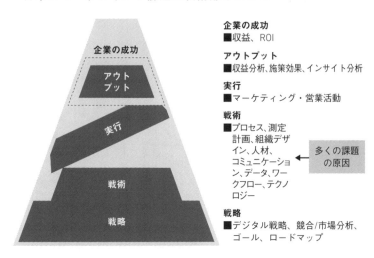

のマーケターの退職で壊滅的なダメージを受けてしまいます。

多くの欧米のMOpsの担当者はこの戦術設計に当たる部分の標準的なフレームワークを理解しています。そしてそのフレームワーク上に独自性を追加し、オリジナルのマーケティングモデルを構築しています。多くのマーケティング現場では標準化されたフレームワークと共通言語が利用され、専門のコミュニティなどで多くの知識が共有されているのです。残念ながら、日本ではマーケティング戦略や施策について学ぶ機会は多々あるものの、マーケティング戦術設計、つまりマーケティングオペレーションモデルについて学べる機会はほとんどありません。さらに多くの外資系企業が導入しているクラウドシステムやツールは、欧米のフレームワークを用いた標準モデルをベースにデザインされているため、「高価なシステムを導入したが、使いこなせない」という課題につながってしまうのです。

本書はこの課題解決に向けて、次章より外資系やシリコンバレーで実際に行われている戦術設計のフレームワーク、つまりマーケティングオペレーションモデルの構築方法について解説していきます。

インタビュー

日本企業が今取り組むべき新たなアプローチとテクノロジーの活用法

――ジャパン・クラウド・コンサルティング株式会社　福田 康隆

福田 康隆

ジャパン・クラウド・コンピューティング株式会社 パートナー
ジャパン・クラウド・コンサルティング株式会社 代表取締役社長

1972年生まれ。大学卒業後、日本オラクルに入社し、セールスコンサルタントとして勤務。2001年に米オラクル本社に出向し、営業職に従事。2004年米セールスフォース・ドットコム（現セールスフォース）に転職。翌年、同社日本法人に異動。以後9年間にわたり、専務執行役員兼シニアバイスプレジデントを務める。2014年6月マルケト（現アドビ）入社と同時に代表取締役社長に着任し、2017年10月同社 代表取締役社長 アジア太平洋日本地域担当プレジデントに就任。2019年3月、アドビ専務執行役員 マルケト事業統括に就任。2020年1月より、ジャパン・クラウドのパートナーおよびジャパン・クラウド・コンサルティングの代表取締役社長に就任。ハーバード・ビジネススクール General Management Program修了。著書に『THE MODEL（MarkeZine BOOKS）』（翔泳社）がある。

■ジャパン・クラウドの現在の取り組み

ジャパン・クラウドはセールスフォースが日本進出した際にジョイントベンチャーと

して共同経営に入ったサンブリッジが前身となっています。セールスフォース、コンカー、マルケト、キリバ、デマンドウェアなどの日本進出をサポートし、このモデルをさらに展開して本格的に海外SaaSベンダーの日本市場参入の手助けをしたいという思いで2017年にジャパン・クラウドとして活動をスタートしました。

ジャパン・クラウドでは単なる市場参入コンサルティングではなく、8〜10年という中長期のスパンで寄り添い、ジョイントベンチャーという形で共同経営をしていくアプローチをとっており、現在計11社のベンダーの日本進出をサポートしています。キーリーダーシップの採用や経営に重要な影響を与えるような初期戦略の意思決定のサポートはもちろん、マーケティングやカスタマーサクセスなどの役割や会社の壁を越えた勉強会やイベントの開催、ベストプラクティスの共有などを通じて各社を支援しています。

■ 増加するテクノロジーツールとの向き合い方

どんなツールにもそれぞれ思想や理念があり、それに沿った適切なオペレーションモデルが存在します。

多くの欧米企業では適切な組織構造とそれに合ったジョブディスクリプション（職務記述書）が整備されているため、自然と仕事のポータビリティが上がり、業界全体でノウハウがたまります。このため、欧米企業ではオペレーションモデルがある程度標準化され、共通認識されているのです。

一方、日本ではそもそも専門知識を持つ人材の確保に苦戦していたり、独自性の強い運用方法をとっていたりと組織も知識も体系立っていないケースが散見され、オペレーションモデルの導入をさらに困難にしています。

ツールを導入する前にやるべきことやプロセスを整理し試行錯誤する企業が多いですが、個社で一から考えていくのは難しく時間もかかります。そもそもツールとは、様々なノウハウやベストプラクティスが詰まったものなので、**ツールの導入により組織全体のスキルを高め、そのツールを最適に活用するためのオペレーションモデルを学んでいく方が効率的であり、重要な向き合い方だと考えています。**

■ 組織変革をリードする経営層への働きかけ

ツールを導入すると必然的に組織構成や必要なスキルセット・人材の変化につなが

ります。ツールとオペレーションモデルは常にセットであり、ただ単に導入が済めば終わりではありません。つまり経営層がリーダーシップをとり、標準化されたフレームワークを理解してトップダウンで組織変革を進める必要があるのです。

特にマーケティングなど専門知識が必要になる職種ではジョブ型採用への移行は必須です。ツールのノウハウや戦術というのは人が動くからこそベストプラクティスが共有されレベルが上がっていくものです。終身雇用で人の出入りが少ない環境下ではたまるノウハウも限られるのです。

ジョブ型に移行し組織構造を整えると経営判断もしやすくなります。そもそも経営判断の根幹はリソース配分です。どこに人員を増やし、どこに予算を投資するかを決めていくうえで、どんなＫＰＩを持って動いているか明確でない組織構造では判断が大変難しくなります。

一方でマーケティング部のデマンドジェネレーションチームといったようにファネルのどの部分を担当しているか明確にわかる構造であれば、過去の経験やパフォーマンスから予算や人員の増減の判断ができるようになります。ジョブ型への移行は専門性の向上だけでなく、経営の意思決定にも重要な役割を担っているのです。

■これからの日本企業に求められていること

近年ではツールが爆発的に増え、同じカテゴリ内にも思想やアプローチの全く異なるツールが点在しています。これまでは様々なツールを中立的な立場で評価するコンサルタント、SI、サポートベンダーが多かったものの、ここまで複雑化した状況の中で全ツールを理解するのは大変難しくなっています。**今後は各ツールの思想やビジョン、設計構造まで理解できるような専門コンサル、SIやサポートベンダーの必要性が高まってくると考えています。**

また、IT人材のビジネス部門での活用も進んでほしいところです。しかし、一般的にIT予算の6~7割程度は本来SaaS製品などが解決すべき、既存システムのメンテナンスや運用に割かれていると言われています。ビジネスニーズや課題の解決にはたった3割程度しか投資できていないと考えると、この比率を変えていくことが当面の課題になるでしょう。各ビジネス領域で専門性が深まる今、近い将来に部門付きのIT人材などがアサインされ、ビジネス部門とIT部門が融合していくという動きが起きると考えています。これにより専門職のキャリアパスも整備され、一層ジョブ型の組織構造が必須になっていくでしょう。

今後も事業会社が自らテクノロジーツールを選択、導入、運用するという流れが進み、ますます内製化されていくでしょう。SaaS業界ではこれまで長い間、業務アプリケーションに主軸を置いていました。**この内製化の流れをサポートする基盤やインフラのような組織の中心的領域の変革が進んでいくのではないかと考えています。**

■ ジャパン・クラウドの今後の展望

ジャパン・クラウドは、SaaS分野において海外で急成長している企業の日本市場への進出および中長期的な成長を支援することで、日本企業の生産性向上、ひいては人材育成への貢献を目指しています。弊社に求められる役割は「次のテクノロジーや製品」を見つけることだけではなく、それを正しく日本に伝えて、正しく普及させるための人材や仕組みを提供することです。私たちは、次を担う人材の採用と育成に加えてオペレーションをより高度化させていき、次の世代へそれを伝えていきたいと考えています。

第1章

MOpsの役割

01 日本企業が抱える本質的な課題

専門性を持ったマーケター人材の不足

序章で解説した通り、データやテクノロジーの活用が成長の大きな成功要因となっている一方、**日本ではテクノロジーに精通した専門性を持ったマーケティング人材が圧倒的に不足しています**。マーケティング部門内で役割を明確に分けた組織構造を持っておらず、マーケターはPRからマーケティングオートメーション（以下、MA）の運用まで全て担当するという体制が多く、高度な専門的知識を要するものまでマーケターに依存する形になっています。

しかし、現代のマーケティングではマーケティングの収益効果分析や改善サイクルの構築など、データを活用したマーケティングモデルとテクノロジーの活用が必要です。ＭＡの機能を隅々まで理解し運用でき、マーケティングが収益に与えた効果を数値で証明できるといった、少し踏み込んだデジタル領域のスキルを持ったマーケターの数は急減します。

マーケティングテクノロジーも高度化・複雑化している背景を考えると、デジタルマーケティングの成功にはテクノロジーの専門知識を持ったスペシャリストが必要不可欠ですが、その人材育成には投資が進んでおらず需要と供給のバランスが整っていないため「なんとなくやるデジタルマーケティング」が横行しています。

デジタルマーケティングのように新しいコンセプトやツールが勃発する領域では継続的に新しい知識をインプットすること、リスキリングが大変重要ですが、情報処理推進機構（ＩＰＡ）が２０２１年に行った調査※では、学び直しを実施すると答えた米国企業は82・１％だったのに対し日本企業は33％にとどまり、実施も検討もしていないと答えた企業が約半数を占めるなど、人材育成への投資不足がマーケティングのみならず日本全体がＤＸで後れをとっている大きな理由の１つになっています。

※出所：情報処理推進機構（IPA）「デジタル時代のスキル変革等に関する調査（2021年度）」
https://www.ipa.go.jp/jinzai/chousa/skill-henkaku2021.html

属人的なマーケティング運用

もう1つの大きな課題として、属人的なマーケティング運用が挙げられます。マーケティングができる、特定の従業員にマーケティング運用を頼ると、その担当者が休職・退職・転職などをした際に「担当者本人しかわからないことが多く、どうしたら良いものか」という状況に陥ってしまいます。このような運用方法ではこれまでの成功はただ有能な従業員を確保できていた、というだけで組織的にマーケティングを行っているとは言い難く、長期的な視点で考えるとビジネス全体に大変深刻な影響を及ぼします。

この状況をシステム開発などでもよく使われるCMMIモデル（組織がプロセス改善を行う能力を評価する指針）に当てはめて考えてみると、多くのマーケティング組織がレベル1もしくは2に属しているのが現状です。

これでは個人の感覚やそれまでの経験ベースで意思決定や判断をしていくため、組織にノウハウが蓄積されない属人的な状況が続いてしまいます。この運用方法を続けると、深刻なマーケター不足が続いている現代において人材獲得競争に勝ち続けない

■ CMMIモデル

CMMI（能力成熟度モデル統合）の5つのレベル

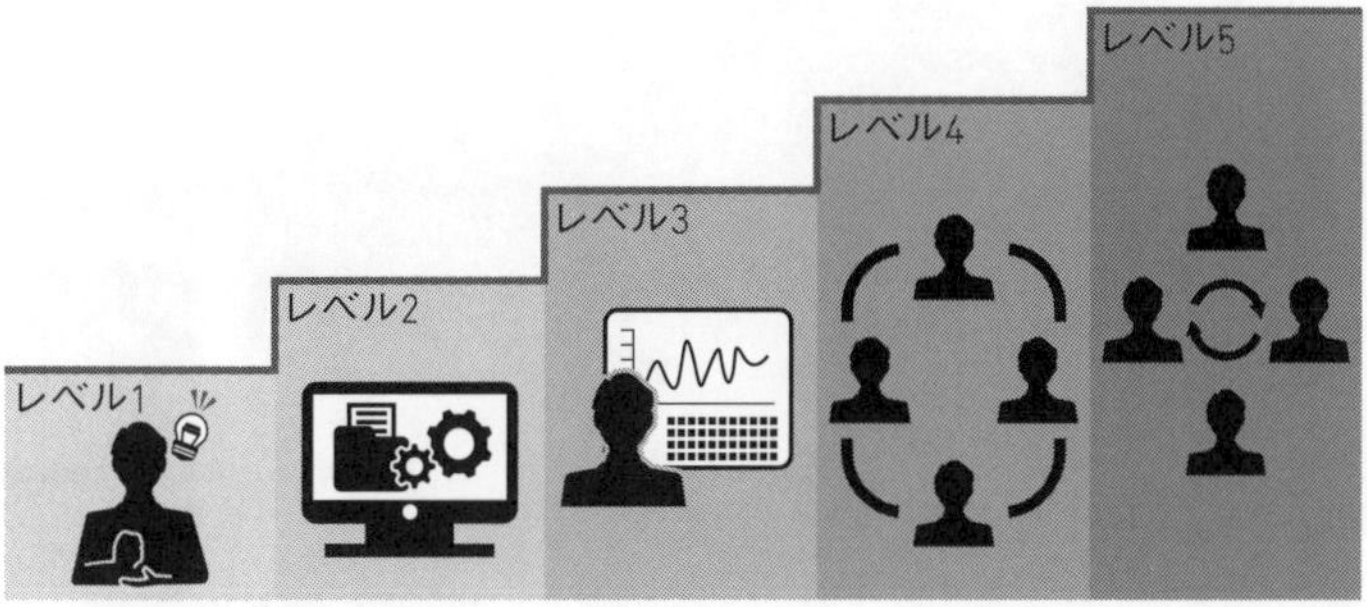

レベル1	レベル2	レベル3	レベル4	レベル5
個人の経験や勘をもとに仕事をするレベル	プロセスの文書化や管理が開始されたレベル	プロセスの文書化や管理が定着したレベル	データをもとに改善サイクルを回し始められるレベル	データをもとに継続的に改善サイクルを回せるレベル

限り、長期的なマーケティングの成功は期待できません。

レベル4や5は反対に、組織としてマーケティングプロセスが構築できており、データドリブンな意思決定を通じて、計画的・効率的にマーケティング施策を実行できる状態を指します。

このように属人的なマーケティング運用から脱却するためには**マーケティング組織の体制を見直し、マーケティングプロセスを敷き、そこから学びを組織に吸収する仕組みを作ることが必要です**。

02

デジタル化で加速する専門性の強化と協業モデル

専門性と協業が進むマーケティング部門

テクノロジーの重要性が高まる中、あらゆる業界の企業でレベニュー部門の専門性を強化し、協業体制を敷くことで成果を上げる企業が増えています。

欧米ではマーケティング部門でも専門部隊による協業体制が標準的に運用されていることが多く、マーケティング施策の企画や実行を通じてデマンドジェネレーション（80ページ参照）をリードするフィールドマーケターと、ツールの管理やマーケティングプロセス全体の統合をリードするMOpsという適正な役割分担とリソース配分が行われ、より専門性を強化したマーケティング組織構成と協業モデルの構築がされてい

■ フィールドマーケターとMOpsの違い

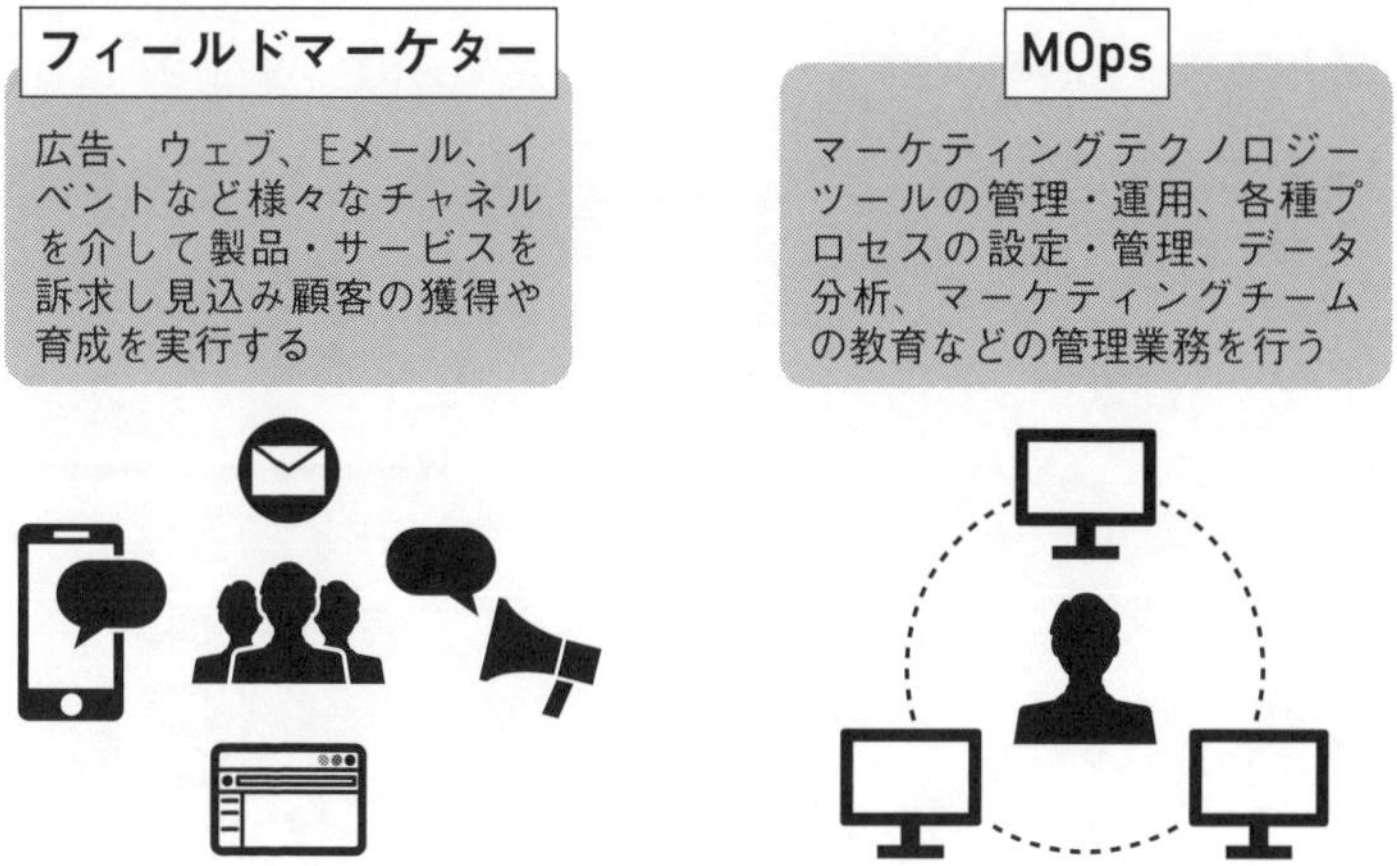
フィールドマーケター
広告、ウェブ、Eメール、イベントなど様々なチャネルを介して製品・サービスを訴求し見込み顧客の獲得や育成を実行する
MOps
マーケティングテクノロジーツールの管理・運用、各種プロセスの設定・管理、データ分析、マーケティングチームの教育などの管理業務を行う

ます。

MOpsの立ち上げに当たって考えるべき組織モデルについては第2章で詳しく説明しますが、**MOpsは縦割りの組織として存在するケースが多く、マーケティング部門を横串で見ながら複数の事業や地域のマーケターをサポートすることに尽力しています**。

この専門性の強化と協業の流れはマーケティングツールやテクノロジーが複雑化・高度化していく中で起きるべくして起きたものであり、マーケティングの各ポジションを専門職としてみなすべき事実を体現化しているものではないでしょうか。

03

MOpsと従来のマーケターとの違い

実務者と管理者

このようにマーケティング部門内で専門性の強化と協業体制の構築が進む欧米では、MOpsと従来のマーケターの業務は明確に分けられています。

MOpsはマーケティングチームに所属しますが、施策の企画や実際の実行などは行わず、バックエンドの管理やプロセスの管理・運用を徹底することで、営業案件の創出を担当するマーケターの効率化をはかります。**MOpsの業務は一言でいうと、「人、マーケティングテクノロジー、マーケティングプロセスを横断的に俯瞰しながら戦術を作りメンテナンスすること」です。**MOpsにとっての顧客はマーケティングチームで、彼らの業務は全てマーケティングプロセスマネジメントや効率性の向上に向けられており、施策の運用などの実務を行うフィールドマーケターたちが所属するマーケティング部門全体を管理する立場にあるのです。

一方、実際に施策の企画や実行を担当するフィールドマーケターは従来通り、ターゲットに対して効果的な施策を熟考し、デジタル広告やイベント、メールなど様々なチャネル上で実行に移すところまでを担当します。

このように明確な責任範囲があることはとても重要です。**日々施策を大量に実行しているフィールドマーケターにMOpsの業務内容もやってもらうのは現実的ではありません。**スキル面の課題がありますが、業務量的に難しいでしょうし、効率性を考えても管理者と実務者の責任範囲は明確に線引きするべきなのです。ものづくりの生産現場でも部品の組み立てをする方と機械のメンテナンスや管理をする方は違います。これと全く同じことで、管理者であるMOpsは施策の生産性を上げる環境づくりに、実務者であるマーケターは営業案件創出の戦略・戦術設計に集中する、といったように専門性を持って協業することでマーケティング部門全体の効率性を高めるアプローチがマーケティングの世界でも取られているのです。

04

MOpsの役割①マーケティングツールの要件定義から導入

これまでMOpsの役割が確立した背景を説明しましたが、ここからは実際にMOps担当が日々行う業務を4つの分野に分けて紹介します。

マーケティングテクノロジーツールのオーナーはIT部門からMOpsへ

マーケティング部門が使うツールの数は増加傾向ですが、要件定義をせず、現状を理解しないまま最先端のシステムを導入しても、宝の持ち腐れ状態になってしまうケースが多々あります。デジタル時代の今、ツールの選定と運用はマーケティング戦略や戦術に直接的に影響するため、**テクノロジーを正しく理解・選択し、適切なツールの選定・導入・運用をするスキルが重要視されています**。これこそ、MOpsの第一の役割です。適切なツールを選定するには技術的な知識はもちろん、自社のマーケティングの現状や戦略、ロードマップなどのビジネス的な要件も理解する必要があります。

MOpsが存在しない場合は、ITチームがこれを行う場合が多いでしょう。しかしマーケティングツールの管理者が部署外だと様々な支障をきたします。問題があるたびに彼らに頼らざるを得なくなり、ツールの知識やベストプラクティスは部内に蓄積されません。IT部門はもちろんマーケターではないため、現場に合ったツールの使い方や、施策運用に最適な設定などを必ずしも理解しているわけではありません。ツールを最大限活用するためにも、マーケティング部署内でツールの検討、導入・運用、プロセスの策定、さらにはベストプラクティスの集約などを行う必要があるのです。

マーケティングテクノロジースタックの構成と管理

マーケティングツールの要件定義や導入は、結果的にマーケティングテクノロジースタックを構築することにつながります。**マーケティングテクノロジースタックとは、**

「指数関数的に増えるマーケティングテクノロジーの中から適切なツールを選択し、適切に組み合わせて計画的に活用するためにポートフォリオを構築すること」と定義されています。

ソーシャルメディア管理ツールからMA、CMS、広告プラットフォーム、BIツールまで多様なツールを使用する中で、各ツールが素晴らしい機能を持っていても組み合わせによっては協調性が欠け、各ツールの利点がつぶれてしまうことがあります。この話はよくオーケストラにたとえられますが、音色の全然違うバイオリンを集め、オーケストラのサイズに合わない特大シンバルを買ってしまっては指揮者がどんなに頑張っても素敵な音楽にはなりません。

マーケティングテクノロジースタックもそれと同じで、目先のニーズだけに捉われず組み合わせた時の全体像や1、3、5年後に向かいたい方向を踏まえて各ツールを選定することが大変重要です。マーケティングテクノロジースタックはマーケティング組織の成熟度を測る1つの方法でもあるため、欧米では自社のマーケティングテクノロジースタックを公表する会社もあるほどです。60ページの図はマイクロソフト社のマーケティングテクノロジースタックの例です。この図では彼らがマーケティングを行うのに使用しているツールが目的ごとに分けられています。これだけの数のツールをそれぞれ連携し管理運用するのは容易ではありません。

便利なツールが増えたのは喜ばしいことですが、選択肢が広がっているからこそツールを選択する私たちの眼が大事になっています。マーケティングテクノロジースタックの設計はこれからのマーケティング活動の可能性や効率性を大きく作用するため、MOpsが「マーケティングテクノロジースタックの専門家」として主導する必要があるのです。

■ マイクロソフトのマーケティングテクノロジースタックの例

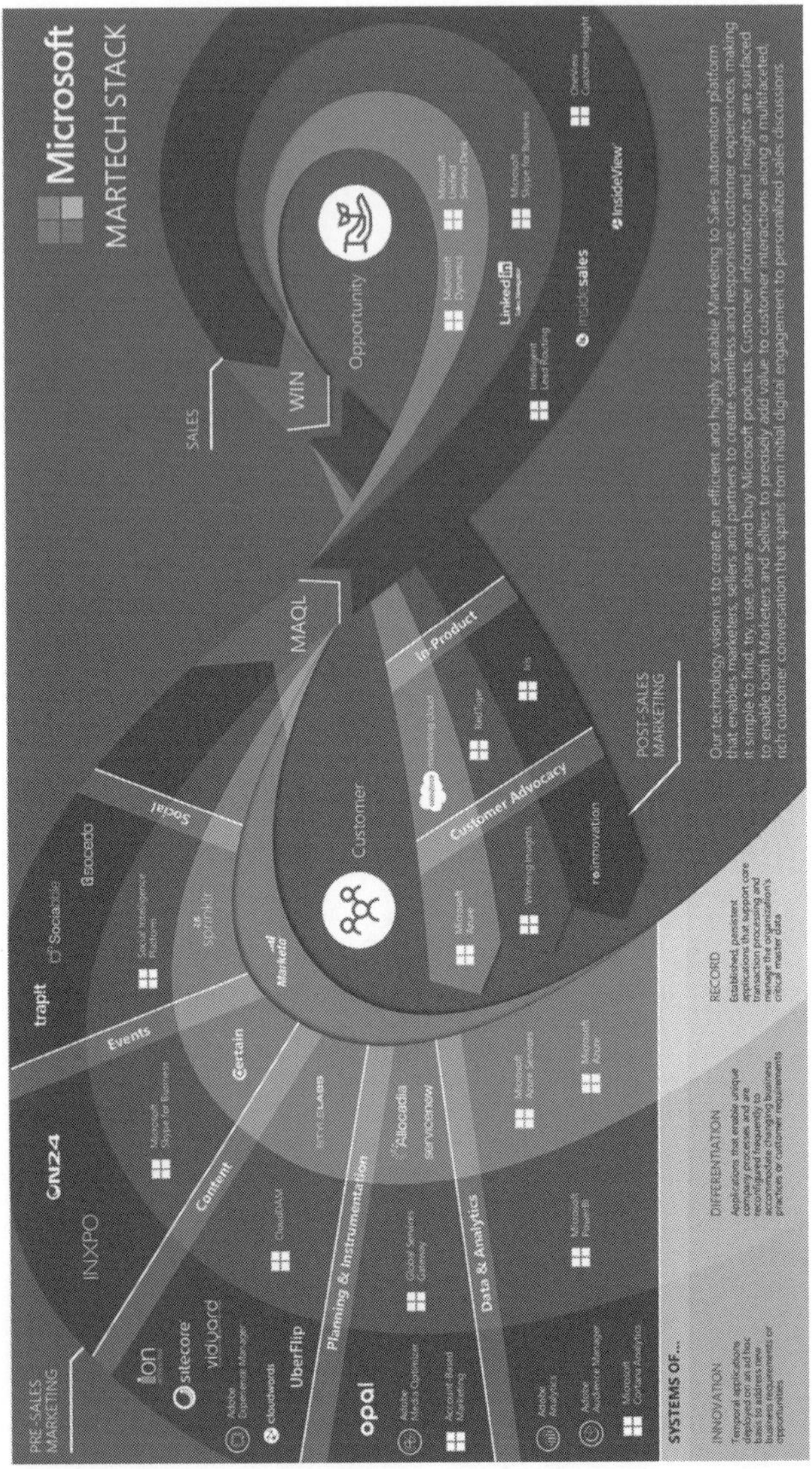

出所：chiefmartec.com「Microsoft shares their marketing stack in the Stackies, and it's awesome」
https://chiefmartec.com/2017/03/microsoft-shares-marketing-stack-stackies-awesome/

05

MOpsの役割②社内に運用ルールと情報を共有する

ツールの運用ルールを決める

ツールの選定や導入も重要ですが、**部門内でそのツールを使って実現したい目的を果たすための運用方法やプロセスを策定することもMOpsの大きな役割の1つです。**

例えばMAツールであれば、運用ルールや効率的なオペレーションプロセスを決めること、ソーシャルメディアの管理ツールであれば測定する指標を決めるなど、再現性のある運用方法を決めてプロセス化する作業にあたります。これは見落とされがちですが、標準化された運用方法を誰かが決めなければ部門内でツールの使い方や理解の相違が生まれてしまうため、データの適切な比較ができずノウハウが一元化されませんし、そもそも運用方法が適切か、トラッキングするべき指標が合っているか否かも適切に判断できません。本格的な運用を始める前に丁寧に初期のプロセス策定をすることもMOpsの大事な責務の1つです。

ベストプラクティスの情報共有

ツールの運用ルールやプロセスは一度決めたら終わりではありません。運用している間に改善点が出てくることもあるでしょう。**運用する中でたまったノウハウや、ベストプラクティスなどを全て記録し、その情報をアップデートして社内に共有するのもMOpsの役割の1つです。**

ドキュメンテーションした情報は全て、Notionや、アトラシアン社が提供するConfluenceなどのプラットフォームにWikiページとして一元化し保存します。この社内Wikiページは誰でもいつでもアクセスできるようになっており、ノウハウやベストプラクティスに加えて今後のマーケティング計画を示したカレンダーや組織図、ミーティングの議事録なども追加されることが一般的です。これはマーケティング部門全体のナレッジベースとなり、既存メンバーが参照できる情報源となるのはもちろ

■ 社内Wikiページの例

マーケティングチームWiki

組織図

マーケティング目標

マーケティングカレンダー

マーケティングキャンペーンリクエストフォーム

全体会議議事録

マーケティングテクノロジースタック

マーケティングテクノロジーマニュアル一覧

マーケ・営業SLA

オンボーディングマテリアル

FY2023
マーケティングチームのKPI

- 新規顧客獲得戦略を確立し、X円でY人のリード、そしてZ人のMQLを獲得する
- 既存リードを育成しX%をMQLに育成する

2023年5月のマーケティング活動

	1	2	3	4	5	6
7	8	9	10	11	12	13
14	15	16	17	18	19	20
21	22	23	24	25	26	27
28	29	30	31			

ん、今後所属するメンバーのオンボーディングにも活用することができます。

こうすることで会社全体のナレッジレベルを標準化すること、そして学びを担当者だけではなく組織にインプットする仕組みを作ることができるのです。

各施策をチケット管理

社内のマーケティングノウハウやベストプラクティスを一元化し、文書化することは組織に必要不可欠ですが、残念ながらそれだけではプロセスは実現されません。

チームメンバー全員にそれを理解し実行してもらうためには仕組み作りが必要です。

効果的にMOpsの運用をしている企業では、JiraやAsanaなどのプロジェクト管理ツールによってチケット管理することでマーケティング施策の実行プロセスを体系化しています。これらのチケット管理では、MOpsが「キャンペーンリクエストフォーム」というものを運用しており、各施策を担当するマーケターがそのフォームに施策の目的や目標、施策の名称、日時、予算などの基本的な情報はもちろん、使用したいチャネル、必要なデザインリソース、ランディングページやメールプログラムの有無、計測するKPIや期待できるROIなどを入力し提出します。

- アトラシアン社が提供するJiraのタスクマネジメントツール画面の一例

- キャンペーンリクエストフォームの例

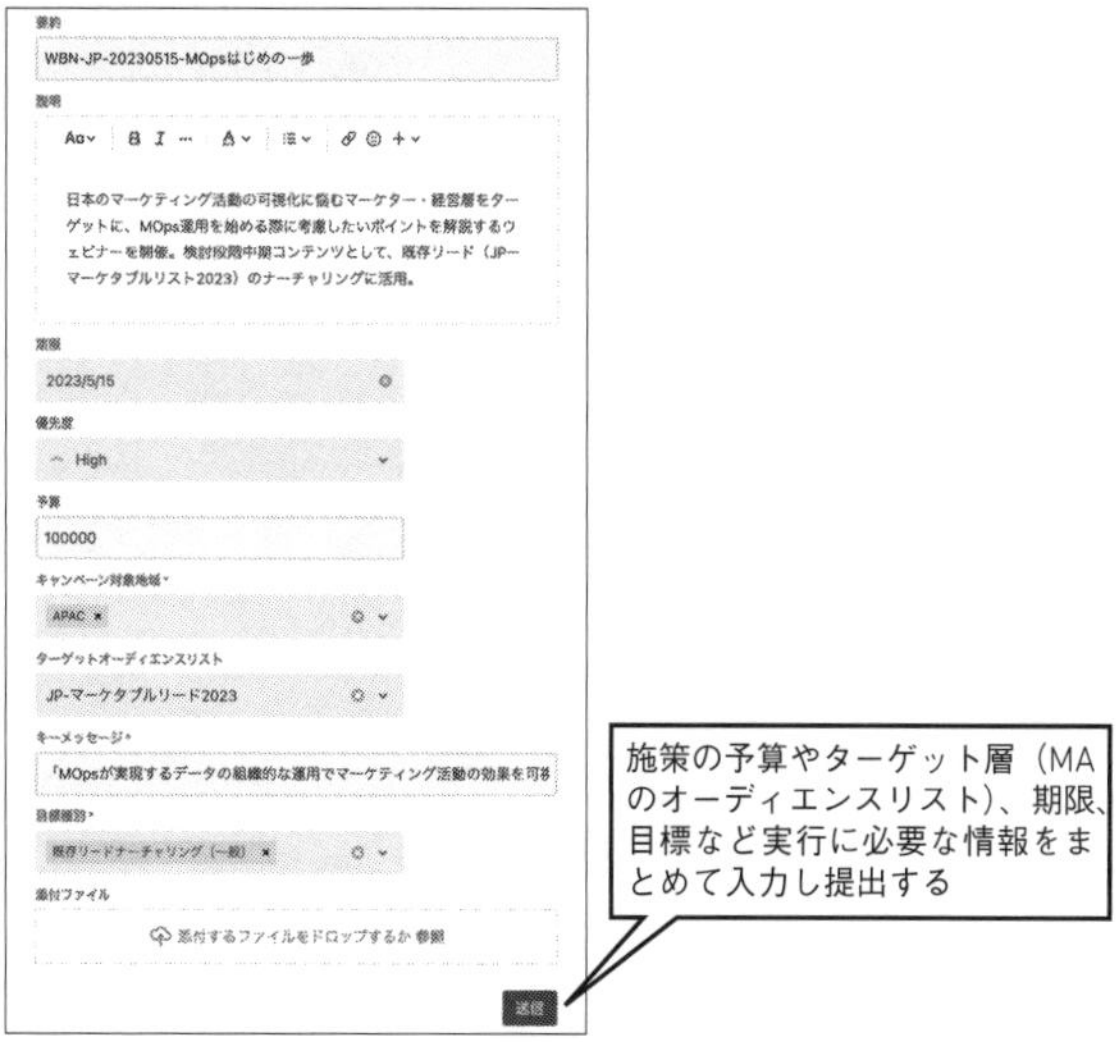

提出されたフォームはCMOなどの責任者がチーム全体の目標に合っているか、KPIやROIが整っているかなどを確認・承認し、MOpsにボールが渡されます。MOpsは施策の開始までに必要なタスクを洗い出してチケットを発行し、各担当にタスクをアサインし全体のプロジェクトマネジメントを進めます。

施策開始に必要なタスクが全て完了したらMOpsからキャンペーン担当者にボールが戻され、最終確認後に施策が開始されるという流れでキャンペーン管理が行われています。

チケットで管理するメリット

詳しくは第3章05節で改めて解説しますが、このキャンペーンリクエストフォームは効果分析や施策プロセスの改善において非常に大きな役割を果たしています。ここで入力されるデータは予算やオーディエンスなど、利用シーンが明確かつ計測が必要なデータで、マーケティングの収益効果と自動的に紐付くように設計されています。マーケティングの施策に関するデータが入力時にフォーマット化されているので、効果検証が非常に容易になる仕組みになっています。

このようにチケットによる管理を徹底することの一番の利点は、全施策のデータが同じフォーマットで整理されるため、過去施策の分析が詳細に行えるということはもちろん、MOpsチームが全てに目を通しているため、効率的にベストプラクティスやノウハウが蓄積されるということです。また、プロジェクト管理ツールを使うことでどこがボトルネックになっているのか、どのステップで停滞してしまっているのか一目でわかるようになるため効率化向上にも役立ちます。

例えば、「X業界をターゲットにYに関するウェビナーキャンペーンを立ち上げたい」というリクエストを受けたMOpsは、過去にX業界をターゲットに行ったウェビナーを洗い出し、ROIは良好だったのか、どのようなフィードバックがあったかなどを簡単に分析できます。

その分析をもとに、そのキャンペーンを行うべきか、ターゲットとコンテンツがマッチしているかなどのアドバイスができるのです。このようにチケット管理を徹底することで、施策に関する重要なデータを蓄積し、自社の貴重なデータベースが構築されていくのです。

SLA（サービスレベルアグリーメント）で管理されたリードタイム

このようなチケット管理の仕組みをうまく運用している多くのチームではSLA（Service Level Agreement：サービスレベルアグリーメント）という、マーケティング施策に必要なタスクの実行に関するルールを設定しています。例えばタスクAなら3営業日、タスクBなら7営業日までにタスクを完了するなど、**各タスクの重みに応じて期限を設定し、それを踏まえた施策のリードタイムの設定、タスクの振り分けをしている**のです。

このルールがあることで施策の担当者も効率的かつ計画的に仕事を進められるようになります。このように実務を担当しているフィールドマーケターが戦略・戦術・施策に集中できる環境を整備することこそ、MOpsの重要な責務です。

また、SLAを設定することはタスクの優先順位づけや整理整頓につながることはもちろん、各施策を実行するのにかかった人件費や工数を明確な数値で出すことにもつながります。

例えば、展示会を開くのにかかるマーケティング予算はX円、必要工数はY時間、必要人件費はZ円と細かく算出できるのです。これによりマーケティングの効果検証をより緻密に行い、計画的なマーケティングカレンダーの作成を行います。直感で決めるのではなくデータにもとづいて計画を立てる、予算面でも概算見積もりの積み上げではなく一定の精度を持った予測を行うことができます。必要工数の可視化については第5章05節で詳しく解説します。

06

Mopsの役割③ データマネジメントと分析

施策の効果検証から収益分析まで専門的にデータを分析・管理

マーケティングチームが扱うデータは膨大になっているうえ、様々なツールに横断してデータが介在していることも多く、現代のマーケティングデータマネジメントと分析にはとても高度なスキルが求められています。

もはやGoogle Analyticsなどのシンプルなツールだけではカバーしきれなくなったマーケティングデータは、BIツールやDMPなどを介して適切な管理・加工を行う必要があります。

マーケター全員にこのスキルを身につけさせるのは非常に難しく、各施策の効果検証から年次のマーケティングの収益への効果分析まで、専門的にデータを取り扱うのもMOpsです。

各施策の効果検証の際はMAやCRM（Customer Relationship Management：顧客関係管理）ツール上で定量的に行うことが多いものの、オフラインイベントなど施策の種類によっては、フィールドマーケターからのフィードバックや定性的なデータが施策全体の評価に必要なこともあるため、コラボレーションが重要になります。また、年次の収益に対する効果検証など、複数のプラットフォームに介在するデータをつなぎ合わせ、データビジュアライゼーションツールなどを使って分析するような複雑なケースもあるため、データサイエンティストやデータ分析などを専門的に行うためのリソースを配置する企業も多くあります。

データ分析や管理においては欧米のMOpsチームでも苦労しているポイントです。BrandMaker（現Uptempo）による2021年の調査※でも米国CMO・VPレベルの回答者の65％がオペレーションデータを意義あるインサイトに変換することに苦戦しており、41％はデータソースが多すぎて苦戦していると答えています。このデータからもわかるようにデータ分析や管理ができる人材はMOpsの中でも特に貴重であり、人材獲得競争の激化や人材育成が強化されているのです。

※出所：BrandMaker「The 2021 State of Marketing Operations, A CMO Survey」
https://blog.acens.com/wp-content/images/2021-state-of-marketing-operations-cmo-survey-informe-blog-acens-cloud.pdf

07

MOpsの役割④ マーケティングチームのテクノロジー教育

マーケティングチームのテクノロジー知識の標準化を担う

もう1つのMOpsの重要な役割、それがマーケティングチームのテクノロジー教育です。

どれだけ緻密に標準化された運用方法やプロセスを決めてもチームメンバーが理解して守ってくれなければ意味がありません。文書や研修などを通して正しいツールの使い方や社内のルールなどを教育することもMOpsの大事な業務の1つです。毎月数時間、フィールドマーケティングチームからの質問に対応するオフィスアワーを定例で設ける場合もあれば、ニーズに応じて研修を行う場合もあります。

新入社員のオンボーディングプロセスもMOps主導で行うことも多くあります。自社のマーケティングテクノロジースタックの紹介や各ツールの使用方法や権限、ルール、問題が起きた時のエスカレーション方法などを教育します。

しかし「データのエキスポート方法がわからない」「MAツールでマーケティングプログラムを複製する方法がわからない」など、細かい質問を受けているとその対応で時間が取られて、気づいたらMOpsが雑務係と化してしまう例もあります。

それを防ぐためにも、先述したようにチーム全員がアクセスできる社内Wikiなどにツールの使い方や社内プロセスなど文書化したものを全て集約し、いつでも誰でも確認して自己解決できるように工夫する必要があるのです。

ただ、MOpsはあくまでもマーケティングテクノロジーツールの使い方や部門内のテクノロジーに関する知識の標準化という責任を担っているため、その他の一般的な人材育成やトレーニング（コンプライアンス・IT）は人事部などが主導で行います。

コラム

MOpsのスキルセットとキャリア

■ MOpsのスキルセット

マーケティング組織・テクノロジー・プロセスを横断的に俯瞰しながら戦術やプロセスを作りメンテナンスする立場にあるMOpsは、データ分析やテクノロジーの知識などのハードスキルさえあれば務まる役職ではありません。マーケティング部門のテクノロジー教育をリードしたり、マーケティング部門はもちろんセールスオペレーションなどを含む他部署、および経営層と近い距離で日々業務を行ったりするため、**コミュニケーションスキルやファシリテーションスキル、そして人を動かすリーダーシップなどのソフト面のスキルも同様に重要です**。これらのスキルの重要性については第7章04節でも改めて解説しますが、このような多様な才能を併せ持つMOps人材を見つけるのは容易ではありませんし、人材を獲得できたからといって安心できるものでもありません。テクノロジースキルなどは特に定期的なアップデートやリスキリングが必要になるため、継続した人材育成や投資が大変重要になります。

■ MOpsのキャリアパス

日本ではマーケティング「オペレーション」という言葉を「運用者」と捉え、比較的経験が浅い方が行う単純業務を担う役割だと認識してしまう方が多くいます。

しかし本来の役割は反対で、マーケティング組織・テクノロジー・プロセスを横断的に俯瞰しながら戦術やプロセスを作りメンテナンスするという立場からもマーケティング部門の中でＣＭＯやマネジメントに一番近い存在であり、人気ポジションの１つになっています。MOpsはすでに専門職とみなされているため、MOpsアシスタントからマネージャー、ディレクターとMOps内でキャリアを築いていく方も、フィールドマーケティングで数年キャリアを積んだ後にMOpsに転向する方、テクノロジーの知識を活かしてエンジニアなどテクノロジー部門からMOpsに転向する方もいます。

欧米でも人材獲得競争が激化しているため、それに伴い**給与レンジも上昇傾向にあります**。chiefmartec.comによる２０２２年の調査※1ではMOpsを含む、マーケティング部門のプロセスの統合をリードする人材（通称Maestro）の給与はデマンドジェネレーションやブランド活動をリードしている担当よりも26・6%高いというデータも出ているほど、需要の高いポジションになっているのです。

MOpsを経験した方が希望する次のキャリアステップのトップ3は33%がマネジメント、17%がMOpsに残って専門性を高めること、16%がマーケティング、営業、カスタマーサービスを統括するRevOps（詳細は第7章参照）への転向と答えています※2。

マーケティング部門の中でもデジタル改革の中枢を担うMOpsは求められるスキルの幅も広い分、キャリアアップにつながる人気の役職になっています。

※1出所：chiefmartec.com「2022 MarTech Salary and Career Survey」
https://info.martech.org/MTC_1803_SalarySurv_Download.html
※2出所：MOPros「STATE OF THE MO PRO RESEARCH 2022」
https://marketingops.com/state-of-the-marketing-ops-professional-research-2022/

第2章

MOpsの体制づくり

01

役割と責任を明確化し、マーケティング組織をデザインする

専門性の高いマーケティング組織への移行

ここまでMOpsが誕生した背景や、その役割をご説明してきました。それでは実際にMOpsの体制をつくるにはどうすれば良いのでしょうか?

第一に取り組むべきはマーケティング組織のデザインです。

多くの企業では「マーケター」という役割の方が広報からMAの運用、イベントの企画、ウェブサイトの管理まで何でも行っているケースが多く見られます。しかし、これでは広く浅くしか取り組めず、マーケティング活動の質が落ちてしまいます。マーケティング部門が担う責任範囲が広くなり複雑化している今、ある程度の専門性

を持って取り組まなければ効果を出しづらく、それなりの結果しか出ないのです。この結果、マーケティングの効果を証明することができずマーケティング予算が縮小し、さらにマーケティングで成果を出しづらくなってしまうという負のスパイラルに陥りやすくなります。

もちろん、稀に様々なマーケティング業務を全て完璧にこなせるスーパーマーケターの方もいます。そのような人材は言うまでもなく組織の宝になりますが、序章01節で触れた通りこの方だけに頼って属人的なマーケティング運用になるわけにもいきません。

組織的にマーケティングを運用するにはまず、各マーケティング職の役割を明確化し、組織体制をデザインする必要があります。欧米や外資系の企業ではマーケティングを専門職として考えているため、役職や階層の数が大変多く設定されています。イベントならイベントマーケティングマネージャーが、データ分析ならデータ分析マネージャーが専門的に行うのが当たり前になっているのです。これが可能なのは組織全体のマーケティングへの理解度が高いこと、ジェネラリストではなく専門性を極めることでキャリアをアップする、というそもそものキャリアパスが異なるため自然と専門性を持った人材にアクセスできるという背景があります。日本でもジョブ型採用が少しずつ進み、マーケティングへの理解が広がる中、近い将来このような形になっていくことは確実ですし、実際にそのような体制を構築しつつある企業も存在します。

マーケティング組織モデル

マーケティング組織モデルに正解はありません。次ページの図はCMOがまとめるマーケティング部門の中で組織全体のブランディング戦略を立てる「広報・PRチーム」、事業や地域ごとに製品・サービスを様々なチャネルでターゲットに訴求し主にリード（見込み顧客）獲得や育成を担当する「デマンドジェネレーション」、そしてこれらのマーケティング活動を統括し、テクノロジースタック※やプロセスの管理、データ分析などを専門的に行う「MOps」という3本柱の組織モデルです。

もちろん、この他にカスタマーマーケティングやアカウントベースドマーケティング（ABM）を専門的に行う部隊がいる場合や、事業や地域ごとにPR・広報がアサインされている場合、イベントなどのリードの獲得や育成する機能が部門として独立している場合など、そのパターンや形は様々です。

他にも組織モデルは存在します。例えば、マーケティング、営業、カスタマーサク

※様々なマーケティングテクノロジーツールを組み合わせた基盤のこと

■ マーケティング組織モデルの例

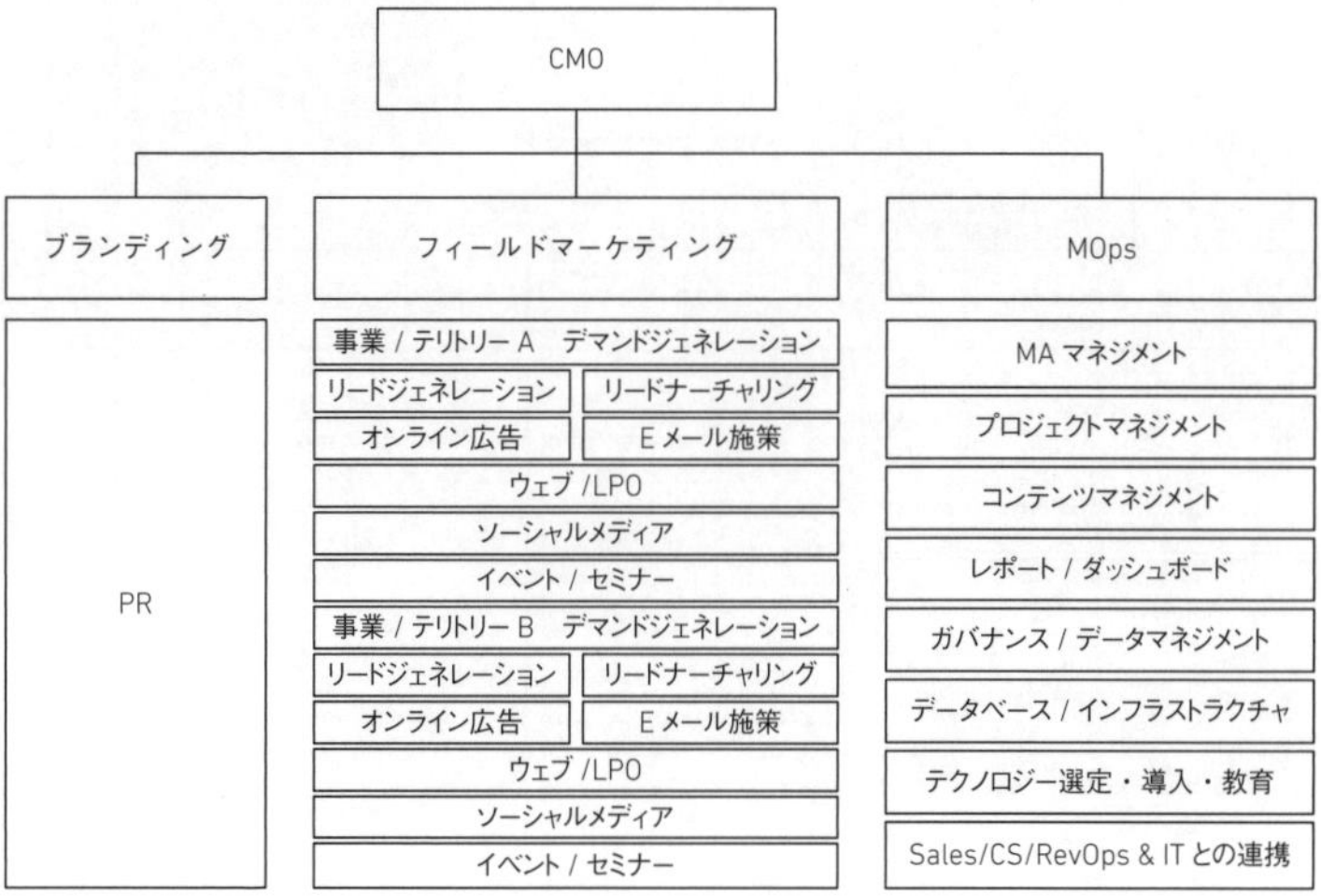

セスを統合的に管理する「レベニュー組織」が存在している企業では、マーケティング、営業、カスタマーサクセスの他にMOpsやSales Ops（セールスオペレーション）、CS Ops（カスタマーサクセスオペレーション）など、レベニュープロセスにおけるオペレーション業務をまとめたオペレーション部門をCRO（チーフレベニューオフィサー、260ページ参照）下に直接配置し、レベニュー組織の一部として運用するケースもあります（レベニュー組織やCROの役割については第7章で詳しく説明します）。

適切な組織モデルは会社組織の規模、マーケティング組織の規模や予算、実現したいマーケティング施策や活動量によって大きく変わるため、**自社のマーケティング**

■ レベニュー組織モデル例

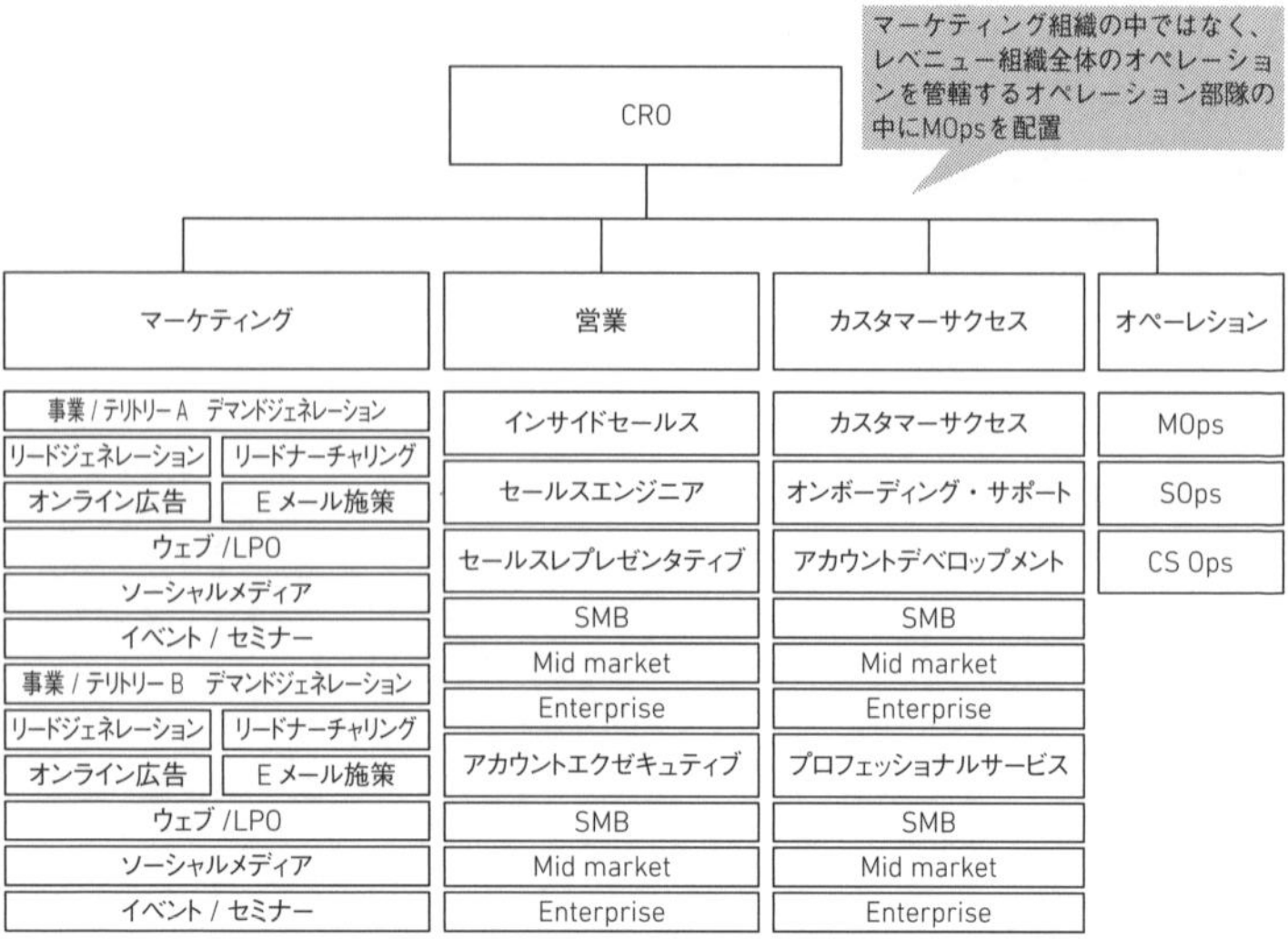

ニーズに応じてデザインし、適切にリソースを配置することが重要です。例えば、両モデルともMOpsは全社で集約されていますが、事業フェーズや会社規模によってニーズも大きく変わるため、MOpsの役割を各地域や事業に振り分ける必要が出てくる場合もあります。**そのため、自社のマーケティングニーズに応じてデザインし、適切にリソースを配置することが重要です。**これについては第2章10節のガバナンスモデルの部分で詳しく説明します。

組織モデルが明確になると必要な人材が見えてくる

このように組織デザインを進めていくと自然と自社のマーケティング組織に必要な

人物像が明確になります。各ポジションに求められる要件が具体的に見えるようになるため、その仕事を全うするのに必要な過去の経験やスキル、知識を整理することができるようになるのです。

反対に、組織デザインが構築されておらず各マーケターの役割分担がはっきりしていないと、採用する際にミスマッチが起きたり、適切な人材が否か判断できなかったりします。これについては、次節で詳しく説明します。

02
「マーケター」採用はもう通用しない

マーケターの募集要項で自社のマーケティング偏差値がわかる

実はマーケティング組織のデザインが上手くできているか否かは、マーケターの募集要項に明確に現れます。 自社のマーケターポジションの募集要項を確認してみてください。募集しているタイトル、職務内容はどのように明記されていますか？ 検索するとすぐにわかるかもしれませんが、日本を代表するような大企業でもマーケターの募集要項は次ページの図のようにまだ体系化されていないものが多く見受けられます。

現実的に考えて、広告の運用経験からＣＭＳの構築経験、ＭＡの運用経験、データ

■ 体系化されていないマーケティング組織の募集要項例

必須スキル
●事業会社や代理店でのデジタルマーケティングの企画立案から実施、効果検証経験（3年以上） ●Google Analytics/GTMなどの計測ツールを用いたデータ分析経験（3年以上） ●MAツールを用いた業務経験（3年以上） ●サイトディレクションやランディングページの最適化経験（3年以上）
歓迎スキル
●クリエイティブ制作の経験（1年以上） ●デジタル広告運用の経験（1年以上） ●事業会社で広告代理店のディレクション経験（1年以上） ●イベントマネジメント経験（1年以上）

➡広告運用からイベントマネジメント、データ分析までオールマイティにこなせるマーケターはいない

分析などの経験など全てを持ち合わせ、オールマイティにこなせる人材はいるでしょうか？

それ以上にこれら全ての業務を全てできるスーパーマーケターを運良く探し出せたとして、実現したいマーケティング像は明確でしょうか？

戦略・戦術が明確で、組織が整理されていれば、募集要項をより詳細に書くことができるはずです。

マーケティング部門の各ポジションの役割と責任を明確化し、自社に適切なマーケティング組織をデザインできている企業では、次ページのような募集要項が書けるようになります。どのような戦略や組織構造でマーケティングがしたいのか、募集要項

■ 体系化されているマーケティング組織の募集要項3つの例

役割	デマンドジェネレーションディレクター
責任	●リードジェネレーションからナーチャリングまで全社戦略に沿ったデマンドジェネレーション戦略を立案し、マーケティング施策の企画および実行をリード ●営業チームと連携し、戦略的なナーチャリング施策及びハンドオフプロセスの整備と継続的な改善 ●顧客エンゲージメントを高めるコンテンツ戦略の立案とリード獲得 ●施策パフォーマンスをMOpsと共に測定・評価し、ABテストを含めた改善策を立案しROIを改善 ●グローバルMOpsと協力し施策効果測定に向けたKPIの策定とデータトラッキングを定義 ●マーケティング全体および各施策の詳細KPIや進捗について経営陣にレポーティング
求めるスキル	●オンライン・オフラインのデマンドジェネレーションに関する幅広い知識と経験 ●社内関係者、外部エージェンシー等との部門横断的なプロジェクト管理能力 ●フィールドマーケティングの基本知識と、デジタルマーケティングの主要チャネル（特にSEO、PPC、ソーシャルメディア、Eメール）の専門・運用知識 ●MAの実務経験 ●ウェブサイト構築やランディングページの制作ディレクション経験 ●CRMに関する基本的な知識 ●サイト解析ツールの運用またはディレクション経験 ●事業会社やエージェンシーでのデジタルマーケティング実務経験（7年以上）

➡特定のマーケティング業務に特化した業務内容とスキルが反映されている

役割	デジタルマーケティングスペシャリスト
責任	●リードジェネレーション（特にSEOとSEM、PPC、ソーシャルメディア）の全体戦略を立案し、リード獲得を促進 ●ミッション、コンセプトを体現する、魅力的なコピーライティング、クリエイティブを作成する ●顧客エンゲージメントを高めるコンテンツ（ホワイトペーパー、事例コンテンツなど）の作成を推進 ●マーケティング施策のパフォーマンスを測定・評価し、ABテストを含めた改善策を立案しROIを改善
求めるスキル	●デジタルマーケティングの主要チャネル（特にSEOとSEM、PPC、ソーシャルメディア）の専門知識 ●コンテンツ及びクリエイティブのディレクション経験 ●ウェブサイト構築やLPOを含むランディングページのディレクション経験 ●リスティング広告の運用またはディレクション経験 ●サイト解析ツールを活用した分析業務経験 ●事業会社またはエージェンシーでデジタルマーケティングの実務経験（5年以上）

役割	リードナーチャリングスペシャリスト
責任	●営業チームと連携し、戦略的なB2Bリードナーチャリング施策の企画・運営 ●MAシステムの実行及び管理（自動化されたナーチャリングプログラムの開発、リードスコアリングやハンドオフプロセスの改善） ●メールコンテンツの制作 ●施策パフォーマンスを測定・評価し、ABテスト計画を含めた改善策を立案しROIを改善 ●グローバルのMOpsチームと協力し、同意されたKPIやデータをトラッキング
求めるスキル	●リードナーチャリングのシナリオ設計やコンテンツ開発の実務経験 ●MAプラットフォームを使用した経験 ●CRMに関する深い知識 ●事業会社またはエージェンシーでデジタルマーケティングの実務経験（3年以上）

➡求めるスキルもその役割に直結している

から手に取るようにわかります。

この募集要項ではまず「マーケター」ではなく「デマンドジェネレーションディレクター」や「デジタルマーケティングスペシャリスト」、「リードナーチャリングスペシャリスト」という分野ごとに担当者を募集しています。

その役割も明確に定義されているうえ、求めるスキルや経験もその役割に直結するものになっています。企業側も、応募する側もどのような業務を行うのか、明確にイメージができる募集要項になっているのです。**このように細かく応募要項が書けている場合は、どのようなＫＰＩを目指すべきかを採用前に把握できる**ため、より詳細に候補者の要件定義を実行し候補者とのミスマッチを削減する効果もあります。

このように、企業の募集要項は暗に組織的なマーケティング運用ができているか否か、マーケティングの偏差値を表しており各役割の業務内容やＫＰＩを整理するという意味でも、組織的なマーケティング運用のはじめの一歩と言えるでしょう。

■ 企業が設定すべき各役職のKPI例

役職名	KPI例
デマンドジェネレーション ディレクター 	●マーケティングROI ____% ●新規リード____件 / MQL____件 ●新規リード/MQL　CVR____% ●MQL/SQL CVR ____% ●新規リード/SQL ____件 ●新規/商談　____件/____円
デジタルマーケティング スペシャリスト 	●ROAS ___% ●広告CPC/CPA ___/___円 ●ウェブサイト訪問数____件 ●新規リード____件 / MQL____件 ●新規リード/MQL　CVR____% ●MQL/SQL　CVR ____% ●新規リード/SQL　____件 ●新規/商談　____件/____円
リードナーチャリング スペシャリスト 	●コンテンツ数 ____ ●EメールCTR ___% ●エンゲージメント率___% ●新規リード/MQL　CVR___% ●MQL/SQL　CVR ___% ●新規リード/SQL ___件 ●新規/商談 ___件/___円

➡企業と応募者のミスマッチを防ぐためにKPIの設定は必須

03 MOps人材はどのように獲得する？

IT人材の登用

深刻なマーケティング人材不足が続き、従来のマーケターさえも採用するのが難しい今、このように専門性を持った人材を確保し組織を構築するのは現実的ではないと考える方もいるでしょう。

実際に欧米でMOpsのコンセプトが生まれた際も、同様の摩擦が生じました。マーケティング部門内の分業を進めたいものの、それを担う人材をどう見つけるのかが大きな障壁になったのです。もちろんマーケティング経験のある従業員を育成しテクノロジー知識をつけさせるというアプローチもありましたが、テクノロジーの学習を網

※1出所：株式会社ビデオリサーチインタラクティブ、株式会社Delta Values、株式会社デジタルインファクトによる共同調査より　https://www.videoi.co.jp/news/181120.html#:~:text=%E3%81%8A%E7%9F%A5%E3%82%89%E3

羅し実務レベルで回せるようになるまでには時間がかかります。特に高度なデータ分析などの範囲では苦戦する企業が多くありました。この状況の改善に一役買ったのがＩＴ人材です。**テクノロジーの知識をすでに持っているＩＴ人材はマーケティングやビジネス一般のスキルと実務経験をつけることでMOpsの要件をクリアすることができます。**もちろんこれを身につけることも大きなハードルになるものの、マーケターから育成するよりも素早く人材を登用することができたのです。

日本にいるデジタルマーケター人口は約２万人程度※1と言われています。この少ない人材のプールの中だけでMOps人材を育成し登用していくのは困難でしょう。一方日本にいるＩＴ人材の人口は約１３２万人※2です。これから日本でもMOpsが普及していくにつれて、マーケティングからMOpsへの人材育成はもちろん、ＩＴからMOpsへの人材の動きが出てくるでしょう。

マーケティングキャリアパスの構築

スピーディーなMOps人材ニーズの解決や、MOpsの最初の基盤を築くにはＩＴ人材の登用や採用が選択肢に入ってきますが、**マーケティング部門からMOpsへ転向が**

※2出所：ヒューマンリソシア「2022年度版：データで見る世界のITエンジニアレポートvol.5」
https://www.athuman.com/news/2022/15713/

できるような仕組みづくりを早い段階で始めておく必要もあります。

前章のコラムで記述した通り、欧米ではMOps人材はマーケティング部門全体を俯瞰して効率化を推進する役割にあるため、管理者という立場に立っています。

マーケティングの実務を担当しているマーケターたちがMOpsというポジションを描けるようなキャリアパスとマーケティング組織体制の構築、そして何より継続的に知識をつけることができる人材育成戦略が重要です。マーケティング部門の中で実務経験を積みながら専門性が磨けるようなキャリアパスを人事部と一丸となって考える必要があるでしょう。

04 コラボレーションを加速するコミュニケーションプラン

専門性の強化が進み重要になったインターナルコミュニケーション

MOpsの体制を作るうえで次に取り組みたいのがコミュニケーションプランの策定です。

ビジネスプロセス全体で専門性の強化が進む中、マーケティング部門内や営業、カスタマーサクセスなどの重要関連部門と効率的に連携するためのコミュニケーションを計画する重要性が高まっています。コロナ禍でミーティングがオンラインに移行したこともあり、戦略的に取り組む必要性も出てきました。

コミュニケーションプランをデザインする際は、95ページの表のように現状マーケティング部門が行っているミーティングやコミュニケーションチャネルを全て書き出し、それぞれのコミュニケーションチャネルのアジェンダや目的、参加者、頻度と形式を埋めていきます。マーケティング部内のミーティングはもちろん、マーケティング部の取り組みを他部署に共有するためのニュースレターを送っている場合や、第1章05節で紹介した社内Wikiなどを使って共有する場合もあるでしょう。

そもそも不要なもの、ツールで補えるもの、そして合併できるものはないかを確認し、効率性とコミュニケーションのスムーズさ・簡便さの両方の観点でコミュニケーションプランを策定します。例えば、チケットで施策の管理をしていれば、進捗をアップデートするだけのミーティングを減らすことができるでしょう。

ビジネスプロセス全体だけでなくマーケティング部門内での専門性の強化が進む今、適切なコミュニケーションプランを練ることは組織の体制づくりと同じくらい重要になっています。コミュニケーションプランをベースにマーケティング部門内はもちろん、関連部門とのコラボレーションを加速させる体制を作ることも、組織的なマーケティング運用を実現するうえで重要なポイントになるのです。

■ コミュニケーションプランの一例

タイプ	アジェンダ・目的	参加者	頻度	形式
マーケティング全体ミーティング	各プロジェクト進捗の全体共有	全マーケティングチームと主要ステークホルダー	隔週	対面もしくはZoom
マーケティングニュースレター	・新しいコンテンツの紹介（共有する際のガイド・リンク含む） ・イベント紹介 ・新メンバー紹介 ・各マーケティングプロジェクト紹介など	全社	毎月	メール
マーケティング・営業連携ミーティング	・SQL以後の主な進捗 ・パイプライン状況の確認 ・ABMリードの状況 ・見込み顧客獲得状況 ・ABM施策の進捗など	マーケティング＋営業（グローバル・リージョナル）	隔週	対面もしくはZoom Slack
施策効果レポートミーティング	・各施策の進捗 ・KPIなどのレポーティング	マーケティングマネージャー＋施策担当者	随時	対面もしくはZoom
マーケティングWiki	・ロゴファイル・ケーススタディ・コンテンツなどのライブラリー ・チームメンバーの役割紹介 ・マーケティングチケットの出し方 ・SLA ・マーケティングカレンダーなど	―	―	社内Wiki

05

過去施策の実績は？組織に点在する知識やノウハウをシェアする方法

マーケティングノウハウを蓄積

チームワークが重要なマーケティング部門にとってチーム全体が共通知識やノウハウを持ち、常にアップデートすることはマーケティング施策の成功に欠かせません。**この一元化されたナレッジベースを構築することはMOpsの体制づくりの中でも大変重要になるでしょう。**

多くの場合、マーケティングに限らず組織全体で様々なところに知識やノウハウが散乱しており、それを管理するシステムがないために個人の経験則や主観に頼った判断をして属人化した運用に陥ってしまいます。同じような知識や経験を持ったマーケターばかり集まっているチームならまだしも、実際は様々な経験値や得意不得意エリアが混在するマーケティングチームの中で共通知識を持たせることは容易ではありません。この状況から脱却するための体制の作り方を紹介しましょう。

組織にマーケティングノウハウを吸収させる仕組み

前章でMOpsの役割の1つとしてベストプラクティスの一元化があることを説明しました。ConfluenceやNotionなどのプラットフォーム上でチームがいつでも誰でもアクセスできる**社内Wikiページを作成し、そこにノウハウやベストプラクティスはもちろん、マーケティング部門の組織図やマーケティングカレンダーなど、マーケティング部門に関わる情報を全て載せる**ことで、個人の学びをマーケティングチーム全体の学びとして吸収するようにしているのです。

この情報共有の仕組みの構築は比較的簡単に始められます。まずは知識を蓄積する先のツールや場所を特定し、誰でもアクセスできる社内Wikiページを作りましょう。NotionやConfluenceなどのツールが使われることが多いですが、少なくともワードファイルやエクセルなど組織内で点在してしまうような形式ではなく、知識やノウハ

■ 社内Wikiページに掲載すべき主な情報

マーケティング部門の基本情報

- マーケティング部門の組織図
- FAQやマーケティング部門に対するお問い合わせ窓口

マーケティング活動に関わる情報

- プレイブック、その他マニュアル
- マーケティングカレンダー
- マーケティング施策のリクエスト方法

テクノロジースタックの情報

- マーケティング部門で使用するツール一覧
- 各ツールのガイドラインおよび教育コンテンツ

コンテンツセンター

- デザインリソースセンター（ロゴファイルやパワーポイントテンプレートなど）
- マーケティングコンテンツセンター（事例やレポートなどの販促コンテンツ）

ウの追加・編集・共有が簡単にできる形式を選ぶことが重要です。他部門でも展開する場合、この情報を蓄積するツールも全社で統一すれば部門間の連携が取りやすいでしょう。

上図はマーケティング部門のWikiに格納する情報の一例です。これらの情報を追加した後は、**定期的に内容が適切か確認し、必要に応じてアップデートし、マーケティング部門全員に必ず読み込むように指導します**。何かわからないことがあれば最初にこの情報を確認してもらうことで、いつでも誰でもアクセスできるナレッジベースとなり、マーケティング部門全体の知識を底上げできるようになります。

06

テクノロジー教育とオンボーディングプロセスを構築する

既存メンバーの教育と質問のハンドリング

次に取り組みたいのがマーケティングチームのテクノロジー教育とオンボーディングプロセスの策定です。

まずは使用しているマーケティングテクノロジーツールの運用ルールを策定し、教育コンテンツを作ります。デマンドジェネレーションなどの実務を担当している方が知っておくべきテクノロジー知識は何か、担当者自身で使う機能は何か、その際に気をつけるべきことや、設定するべき社内ルールなどを全て洗い出して掲載します。これらの情報はカテゴリごとやマーケティングの知識レベルごとに分けるなど、自社に最適な形で管理しましょう。教育内容に対して継続的にフィードバックをもらうことはもちろん、教育するべき内容は使用ツールや活動内容によっても変わるため、四半期に一度くらいのペースでアップデートして常に最適な教育ができるようにすることが重要です。

次に、チームから質問がきた時のハンドリング方法も決めておきましょう。会社規模にもよりますがチームから質問がくるたびにミーティングを設けたり、決まったスケジュールで質問を受け付けたり、これらの質問もチケットで管理したり、そのスタイルは様々です。また、前述した通り質問を受けすぎてもMOpsのリソースが足りなくなり、雑務係となってしまうため、基本的な内容やよく受ける質問は文書化し、社内Wikiページなどにまとめることで効率化を図ります。

オンボーディング計画の策定

前章でも紹介しましたが、新入社員のオンボーディング計画もMOpsが主体となって行います。その方の経験値やバックグラウンドにもよりますが、オンボーディングプロセスは基本的に1〜3か月ほどかかることが多く、会社ポリシーなど、全社単位で共通するオンボーディングの内容は人事部が、**マーケティング部内のルールやテクノロジーツール、施策プロセスなどはMOpsが説明します。**

たとえ他社で同じMAツールやCRMなどを使っていた経験があったとしても、その運用方法やデータの連携方法に少しでもずれが生じていたら今後大きな認識の差が生まれるきっかけになってしまいます。

新入社員であれば、各テクノロジーツールの使い方を一から教えることはもちろん、マーケティング部門のプロセスやカルチャー、困った時の問題解決方法などを共有する中で、その方のスキルや理解度を把握し、個々にあった教育コンテンツを当てはめることが重要です。

最後には必ず理解度アセスメントを行い、内容を正しく理解しているか、カルチャーフィットに問題がないかなどを総合的に判断し、CMOなどに報告、および試用期間が終わった後に実際の業務に入ってもらうというプロセスも多く見られます。オンボーディングは社員が会社に持つ第一印象を左右するため、人事部などの関連部署と密に連携を取り、**オンボーディング自体が終わった後も数週間～数か月をめどに対面でミーティングを設け、わからない点はないか、実務を担当するのに必要なリソースはないかなどを確認しながら人材育成プロセスを続けることが重要です。**

07

マーケターのニーズをテクノロジーに反映する仕組みを構築

マーケティング実務を効率化するテクノロジースタックの構築

MOpsは複数のツールを組み合わせて、マーケターにとって最適な作業環境・組織体制を構築する責務を持っています。ただし、最適なテクノロジースタックを構築するためには長い時間を要するため、自社の現在のマーケティング戦略に加えて、1年後、3年後、5年後に実現したいマーケティングの姿をディスカッションしてロードマップを作成すると計画的に進めることができます。

あるツールの導入を始めたら他ツールとの親和性やデータ連携方法なども考慮しなければいけないため、**このロードマップは一度決めたらコロコロ変えるものではあり**

■ テクノロジースタックのロードマップに必要な情報

- 現在のマーケティング戦略
- 今後1・3・5年を目処に目指したいマーケティングの形
- マーケティング現場が抱える悩み
- CMOなどマーケティング管理者が抱える悩み
- 現状確保できるテクノロジーツールの予算
- 今後ツールの予算を獲得するのに必要なマーケティング成果
- 関連他部署の現状のテクノロジースタックとロードマップ
- 実務を担当するマーケターが必要に感じるツール

ません。実務を担当するマーケターはもちろん、CMOや関連他部署から上図にある情報などをヒアリングし、各ツールの要件定義を行ったうえで包括的なロードマップを作成しましょう。

ツール導入後の微調整

もちろん、継続的にアップデートと管理をすることも重要です。実務者が抱える悩みを定期的にヒアリングし、MAツールの運用ルールは適切か、ダッシュボードに追加すべきレポートはないか、などMOps側で改善できるところがないかを確認しツールの微調整を繰り返し行うことでテクノロジースタックを改善していきます。

08

トラブルをスムーズに解決するチケット管理

チケット管理で効率化

前章で、全てのマーケティング施策のオペレーションを効率化するために、JiraやAsanaなどのプロジェクト管理ツールを使うことを説明しました。

これはMOpsの体制作りに欠かせないポイントです。プロジェクト管理ツールのキャンペーンリクエストフォーム上でチケット管理すると、施策ごとに必要なタスクを整理できるという利点はもちろん、このデータからマーケティング部門の活動データを抽出するため、必要なデータを簡単に収集できるという利点もあるのです。これについては第3章で詳しく紹介します。プロジェクト管理ツールなど、**チケット管理を行**

うシステムの導入・運用をスムーズにするために気をつけたいことがいくつかあります。

❶全社で統一したシステムを使用すること

チケット管理というアプローチはもともと開発現場で生まれた考え方なので、IT部門など他部署で類似ツールがすでに導入されている場合もあるかもしれません。マーケティングに限らず組織的なオペレーションを実現するうえで、全社統一されたプロジェクト管理ツールを使うことが大変重要です。マーケティング部門は営業、カスタマーサクセス、IT、法務など様々な部署と密接に連携して動く必要があるため、同じツールを使うほうが効率が良いのです。

❷入力項目を精査すること

もう1つ重要なのはプロジェクト管理ツールにデータを入れる方法やデータの形式をできるだけ揃え、管理しやすくすることです。キャンペーンリクエストフォームや各チケットに入力してもらう項目を必須にしたり、選択制にしたりすることでデータの不備や形式を統一します。こうすることで後々施策データを分析する際に適切にインサイトを抽出することができます。

09

MOpsが支援する組織・マーケターの意思決定

CMOの経営判断を支援

MOpsが管理する様々なツールには、マーケティングの意思決定をするのに必要な様々なデータが集約されています。プロジェクト管理ツールではマーケティング部門の活動データを、MAツールでは各マーケティング施策のデータを、分析ツールやCRM上ではこれらの施策の効果などのデータを意思決定のために整理し、収集・管理するのです。

CMOはこれらの整理されたデータをもとに、戦略的決断をしたり人員や予算配分を決めたりします。そのため新年度・四半期の戦略の決定や調整をする際や、CMO

が他の経営層とともに経営判断を下すタイミングでは必ずMOpsの出番がやってきます。様々なツールから抽出したデータをもとに改善箇所や、その改善に役立つツールを提案することはMOpsの業務の中でも大変難易度が高く、次年度の予算や戦略を決める時期はMOpsの一番の繁忙期にもなるのです。

MOpsは、CMOがデータドリブンに経営的判断が下せるように支援しており、まさに司令塔をサポートする右腕的な役割を担っていると言えます。

マーケティング施策の決定を支援

MOpsのデータが意思決定の支援をするのはCMOだけではありません。日々施策を回すフィールドマーケティングなどの実務担当者にも様々な情報を提供します。過去データをもとに、彼らが計画したマーケティング計画でどれくらいのROIや売上、利益、新規獲得リード件数などが見込めるか、目的を果たすのに十分な活動量なのかどうかなど、意思決定に必要なデータを提供することで彼らが実際の業務に100%集中できるように支援するのです。

10

事業フェーズや組織規模でガバナンスモデルはどう変わるか？

ガバナンスモデルとは

MOpsの役割が明確にある組織では属人的なマーケティング運用から組織的なプロセスへと変わっていきます。

その変革の中、多くの企業がその「ガバナンスモデル」に悩むポイントが出てくることでしょう。**ガバナンスモデルとは、設定したマーケティング戦略やプロセスの管理体制のことを指します。**ガバナンスモデルは一般的に以下の3つに分けることができます。

●集中管理（Centralized）

このモデルでは、1か所に集約されたマーケティング戦略およびオペレーションチームが全てのクリエイティブ、コンテンツ、マーケティングプログラム（施策）を管理し、戦略を実効に移します。このモデルでは、プロセスの標準化による合理化やブランディングコントロールが容易で一貫したマーケティングメッセージが届けられる反面、各事業部や地域の細かな個別ニーズが反映されにくく、不満を招くケースも見られます。

●分散管理（Decentralized）

このモデルでは、各地域・各事業部などでマーケティングシステムの導入、コンテンツの作成、公開、管理をほぼ完全に自由に行うことができます。個別のニーズには細やかに対応ができるものの、プロセスが標準化されず合理化が進まないため重複したコストが発生し、ブラディングの一貫性を欠いたマーケティング施策が散発することがあります。

● ハイブリッド管理（Hybrid）

このモデルでは、オペレーションやブランディングのコントロールを集約しつつ、ニーズに沿ったマーケティングメッセージを届けるハイブリッドなスタイルを選択します。中心となるMOpsやブランディングのコントロールを担う中央組織と、個別の事業や地域のニーズに対応する、事業または地域別のマーケターが存在する構造です。中央組織と個別事業または地域の担当での線引きや意識の統合が最も大きな課題となります。

事業フェーズや組織規模で変わる適切なガバナンスモデル

組織的なマーケティング運用では、プロセスを固め一元化される一方、柔軟性に欠けてしまうという側面もあります。マーケティングチームの規模が比較的小さく、地理的にも密集していて事業も1つだけ、という場合は集中管理型の運用で問題ないかもしれませんが、何十人ものマーケターが世界中のオフィスに散らばっていたり、様々な事業間でマーケティングリソースが分割されていたりするような場合は分散管理モデルやハイブリッドモデルなどを取り入れ、プロセスの一元化と柔軟性どちらも

■ ハイブリッド型ガバナンスモデルの例

事業/サービスごとに分散			全社で集約
ストラテジー（戦略・戦術・企画）			オペレーション
認知獲得リーダー	新規獲得リーダー	ナーチャリングリーダー	オペレーションリーダー
チャネルのリーダー	チャネルのリーダー	チャネルのリーダー	MA/CRM
メンバー	メンバー	メンバー	ウェブサイト
チャネルのリーダー	チャネルのリーダー	チャネルのリーダー	DB/インフラ
メンバー	メンバー	メンバー	分析・レポート作成

担保できるような組織構造を目指すことが必要になるでしょう。

例えば、全世界で展開しているコアビジネスについては集中管理体制で実施、アジアでのみ展開している新規事業については分散管理体制を用いて現場の声を取り入れる、といったアプローチが必要になります。

このように**どの機能を集約し、どの機能を事業や地域ごとに分散管理すべきか、どのポジションがマーケティングプロセスのどの部分の責任を負うべきかなどを決めることで、他部門との協業の方法や必要性も明確に認識することができます**。

日本に本社を構える会社Aがあったとします。会社Aはシンガポール、北米にもマーケティングチームを置いているものの、

MOps部門は本社東京に置いています。この場合複雑な施策を打ったり複雑な承認プロセスを敷いたりすると、ある時点で各地域や事業担当者から「このプロセスはこの地域・事業には合わない」という声を聞くようになるかもしれません。もしくは本社に比べて他地域・事業のマーケティング施策パフォーマンスが大きく落ちていることに気づくかもしれません。これはガバナンスモデルに問題があることが多いのです。

このような状況では、プロセスを敷くと同時に各地域、事業などの特性を理解し、それらにも対応できるようなガバナンスモデルを探求しなければなりません。しかし、毎回本社と相違がある場合に例外のシナリオばかり立てれば、カオス化してそもそものプロセスもなくなってしまい、振り出しに戻ってしまいます。そのため、本社のMOpsが握っている特定のファンクションについては各地域・事業担当などに全て渡す、一部渡す、などというように組織的にガバナンスモデルを調整した方が成功する可能性が高いです。繰り返しになりますが最適なガバナンスモデルはその組織の規模、地理的条件、展開事業数、人員体制、使用するツールやその他の様々な要因が関係するため正解の形はありません。**ガバナンスモデルは組織の拡大・成長に合わせて定期的に確認する必要があります。**

11 MOpsのKPI

マーケティング部門の効率性向上を評価するKPI

マーケティングキャンペーンの結果データなどの指標だけではMOpsの功績を適切に測定できません。MOpsの仕事の本質に即して、従来マーケティング業務に対して使われているKPIに追加して、マーケティングの生産性、効率性向上を計測するKPIが用いられることが多いです。2020年にガートナー社が行ったMarketing Operations and Organizations SurveyでもMOpsの成功を測定するのに用いるKPIの上位に「マーケティング業務の効率化」が挙げられています。

MOpsの成功を計測するKPIは企業によってそれぞれですが、収益に対する目標

■ MOpsの成功を評価するKPI

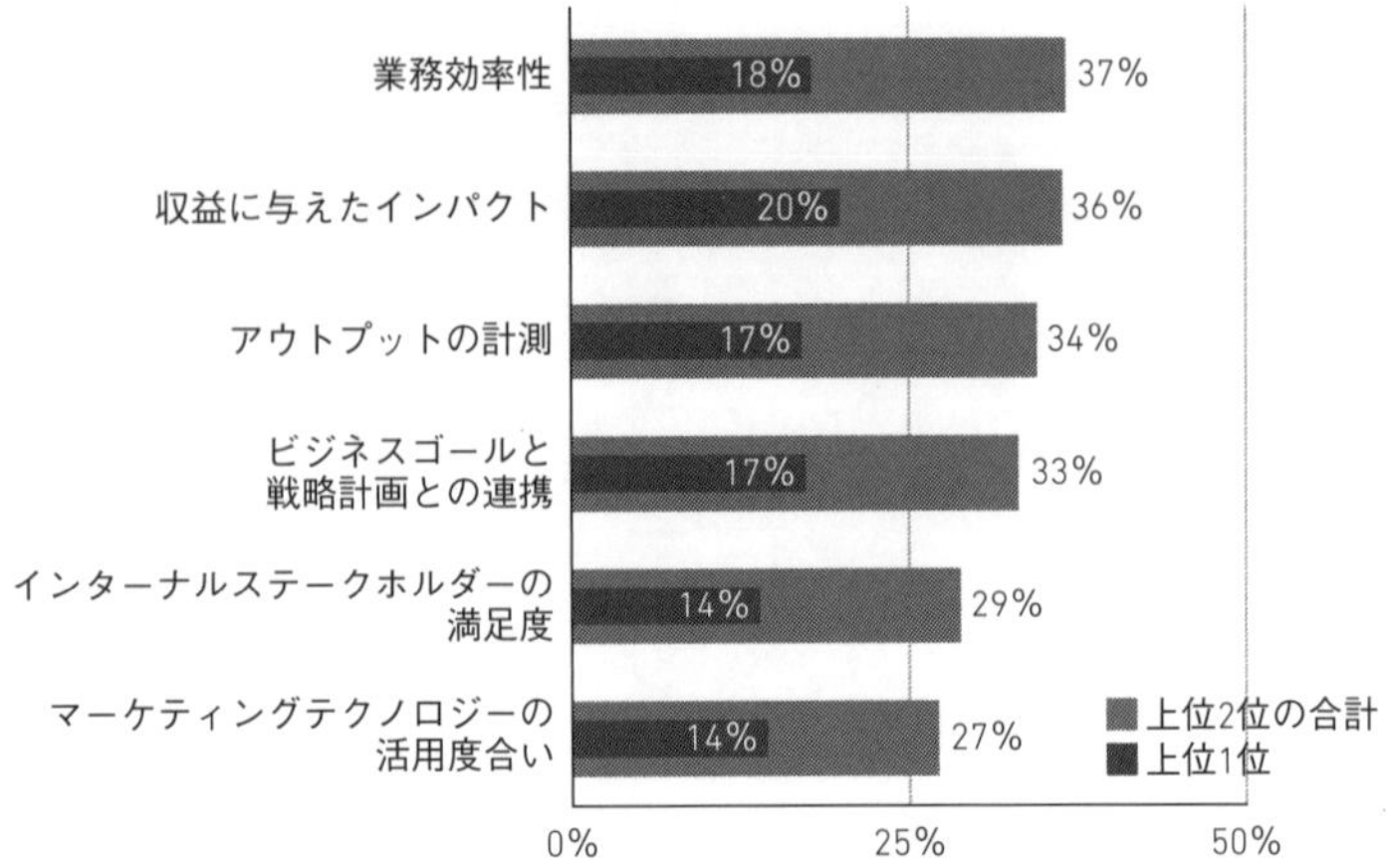

出所：ガートナー社「2020 Marketing Operations and Organizations Survey」

以外に、適切なＫＰＩをいくつか紹介しましょう。

❶マーケティングチームの業務効率化

マーケティングチームの業務効率化を測定するためには大前提として紹介したようなプロジェクト管理ツールを導入している必要があります。これがあることでキャンペーンリクエストが提出されてからローンチまでの時間数や日数をレポートし、MOpsチームがどれだけ工数削減に寄与したかを算出することができます。その他にも、施策ローンチに必要な各ステップ間の停滞時間が削減できているか、各マーケターのタスク量が均等に分配できているかなどをもとにＫＰＩを設定します。

❷インターナルステークホルダーの満足度

MOpsのクライアントがマーケティングチームであるという特性上、チームメンバーからの評価や満足度もMOpsチームのKPIとして使われるケースがあります。四半期に一度マーケティング部門にフィードバックを依頼し、定性的なレビューをもらいます。さらに、手厚くすべき点やわかりづらい点を特定し改善した後に満足度を測るなどのサイクルを回して、定量的なフィードバックを集めることもあります。

❸マーケティングテクノロジーの活用度

MOpsがいることでどれだけテクノロジーツールの活用を広げられたかどうかもMOpsのKPIに使用されることがあります。新しいツールの導入功績ばかり注目されがちですが、新規ツールを導入せずに既存ツールとカスタムソリューションでまかなうことでコスト削減につなげた、自動化ツールを導入することで既存ツールを削減できた、などの評価もここに含まれます。また、マーケティングと営業の連携のためのダッシュボードを構築することで貢献したり、マーケティングチームメンバーのテクノロジーの理解度を上げることができた、などもこのKPIに含まれることがあります。

コラム

シリコンバレーのカルチャーに触れて感じたこと

■シリコンバレーのマーケティング

日本上陸直後だったマルケト（現アドビ）にてMAが実現する高度なデジタルマーケティングの世界について学んだ筆者（廣崎）は、米国の大学院を経てシリコンバレーのCousera（コーセラ）という教育系スタートアップにエンタープライズビジネスの立ち上げメンバーとして入社しました。

シリコンバレーといえばグーグルやアップルなど名だたる大企業はもちろん、次のビッグウェーブを作ろうと奮闘する数えきれないスタートアップが軒を連ねます。米国国内の他、世界中から優秀な人材が集うこの街は競争が非常に激しくシビアな面もたくさんありますが、その分潤沢なリソースと大きな夢を持って臨むことができる場所です。

当時まだ日本で普及していなかったMAはすでにマーケティングチームの必須ツールであり、組織的な運用が当たり前でした。筆者はシリコンバレーの現場で実務をする中で、コンセプトとして理解していた内容を自分が納得する形で昇華させることができました。学んだことはたくさんあるものの、特徴的だと思った点をいくつか紹介します。

■1．戦略よりも戦術に時間をかける

マーケティング戦略を練ることはもちろんですが、戦術設計に時間をかけてディスカッションすることに大きな特徴がありました。

例えば、マーケティング施策を1つローンチするのにも、「5人体制で、10万円の予算をA・B・Cという3つのチャネルに分けてプロモーションする」方がいいのか、それとも「ツールを導入することで必要人員数を2人に減らし、同じ予算をAチャネルだけに投じる」方がいいのか、期待できるROIや収益への影響をもとにベストプラクティスを推測し、実際の施策でデータを集めることで仮説を検証していくというプロセスに大変力を入れていました。

成功ケースからベストプラクティスを抽出するのはもちろんのこと、予測したROIを出せずに失敗したケースでは使用したチャネルが原因なのか、予算が原因なのか、それともそもそもROIが見込めない施策だったのか、徹底的に検証するのです。**これを繰り返していくことで施策データが蓄積し、地域や対象業種業態、製品サービス、そして施策タイプごとのノウハウが確立されていきます。**

当たり前のような話に聞こえますが、このようにデータドリブンな意思決定プロセスでマーケティング戦術を熟考できている組織は残念ながら多くありません。そして、これらの過去データは施策担当者の頭の中にとどまるのではなく、全社に共有されるため、ノウハウや知識が組織に吸収されてマーケティング戦略および戦術がどんどん洗練されていく仕組みになっているのです。

■ 2. 緻密なマーケティング計画とカレンダー

「欧米人は大雑把だ」というステレオタイプな考え方を持つ傾向にありますが、実際のマーケティング現場では非常に計画的に緻密なマーケティングを実現しています。

最低でも半年先、もしくは1年先までのマーケティングカレンダーが決まっているの

が当たり前なのです。

このカレンダーは「6月にXという展示会に出展する」や「9月にYに関するウェビナーを開催する」などの粗い粒度のものではなく、「9月X週目のウェビナー集客用ランディングページ作成を7月Y週目にリードタイム3日間で完成させる」や「11月X週目の自社イベントのMAプログラム作成を7月X週にリードタイム1日間で完成させる」など、各施策を実現するのに必要なアクションアイテムレベルに落とし込んだものであり、これら全てが半年から1年先までプロジェクト管理ツールに登録されている状態なのです。

このレベルで先々まで計画できる、ということはプロセスが確立していることを意味しています。**組織的にマーケティングプロセスを運用すると過去データから目標達成までに必要なマーケティング活動量や施策数が見えているため、それを必要工数に落とし込んだ計画が立てられるのです。**そのため、月半ばにして「今月の新規リード数が足りない！」と急いでウェビナーを開催したり、広告を打ったりという「とりあえずやる施策」は全くありませんでした。緻密に考えられ、データドリブンに意思決定したマーケティング計画の中でチーム全体、そして会社全体が動いているため、もしも期待した通りの結果が出なかったとしても、その理由を突き詰めてそこから学ぶという姿勢が徹底されているのです。

■ 3・意思決定能力を育てるキャリアパス

これまで属人的なマーケティング運用から組織的なマーケティングに移行する利点を紹介してきました。しかし、実際にその環境下で仕事することで見えた弱点もあります。それはプロセスが確立され各チームメンバーの業務も全てツール上で管理されることで、**タスクを担当する実務者にとって機械的な作業に感じたり、クリエイティビティを発揮したりする場面が限られるようになる**ことです。

だからこそ、実務の現場ではエントリーレベルの方にEメール施策やイベント運営など細かいタスクが出やすいプロジェクトで経験を積んでもらい、マネージャーレベルクラスに昇進した後に予算分配をどうするか、どのイベントに出資するべきかなど、**データをもとに自分の意思決定を下せるようにキャリアパスと役割分担が明確に分けられている**のです。CMOやダイレクトレポートを抱えるポジションでは定期的に現場からフィードバックをもらうことが重要になるでしょう。

第3章

顧客価値を創造するオペレーションモデルの設計・運用

01

データマネジメントの目的は明らかになっているか？

これまでMOpsがキャンペーンリクエストやチケット管理など効率化やマーケティング施策のデータベースの構築に貢献することを解説してきました。本章ではこれらのチケット管理やデータベースを構築するうえでのデータとの向き合い方について解説していきます。ビッグデータ、データサイエンティスト、データドリブンマーケティングなど、データ活用にまつわるキーワードを見ない日はありません。

膨大なデータを簡単に収集できる現代において、有益なデータの蓄積はもちろん大切ですが、**「データを蓄積・分析し、そこから顧客のインサイトを導き出す」というアプローチでは大きな落とし穴にハマってしまう可能性があります**。データを蓄積する際に活用シーンを明確にしていないと、不要なデータを大量に抱えることになり、データ活用の本来の目的を見失うリスクにつながります。

大量のデータを抱えることにはリスクが伴う

データを大量に集めても利用するシーンが明確でなければ分析の方向性も見出せず、大きなコストがかかってしまいます。活用しないデータの管理やセキュリティ、データ収集のためのシステムへの投資は膨れ上がるばかりです。膨大なデータの中から有用なデータを得ようとデータサイエンティストに依頼して分析しようとすれば、さらに時間と人件費、もしくは外注費という大きなコストを背負うことになります。

普段の生活でも、将来使えそうだからとものを溜め込むと部屋はいっぱいになり、その管理コストを支払うことになります。データの世界でも利用シーンを明確にしたうえで、本当に有用なデータか見極めることが必要です。

MOpsのオペレーションモデルは利用シーンを明確化し、適切なデータ収集・管理モデルを設計します。筆者（丸井）のかつての勤務先であった米国本社のコンサルティングセッションでは、同僚が「データコレクターにならないように」とクライアントにアドバイスし、本当に必要なデータ、つまり利用シーンが明確なデータと、あれば理想的なデータを丁寧に仕分ける作業を行っていました。当時筆者の担当していた現場では、使うかどうかもわからないデータが取れている、取れていないといった議論で紛糾していたため、同僚の様子を見て、「なるほど、だから彼のクライアントはデータ関連の問題が少ないのだな」と勉強したことを覚えています。

データマネジメントの手順

データマネジメントの方向性はたった1つステップを間違えると非常に非効率になります。次ページの図の右側のように、「システムAを駆動するための指標データ」など、収集するデータの利用シーンを明確にしたうえでデータを収集し、分析するアプローチが基本です。**利用するシーンが明確ということは、収集するデータ項目やKPIが明確になっているということです。**何を分析するためのデータか、何を測定するためのデータかが明確になっているので、分析の工数も大幅に削減されます。

一方で図の左側のアプローチのように、データ収集から始めて、分析から顧客のインサイト含めた利用シーンを考えるのは、圧倒的に非効率的です。「後で使えるかもしれないからできるだけデータを取っておこう」という発想になり、無駄なデータを収集・蓄積することになります。さらにその利用目的のわからない蓄積データの分析

■ データマネジメントの方向性

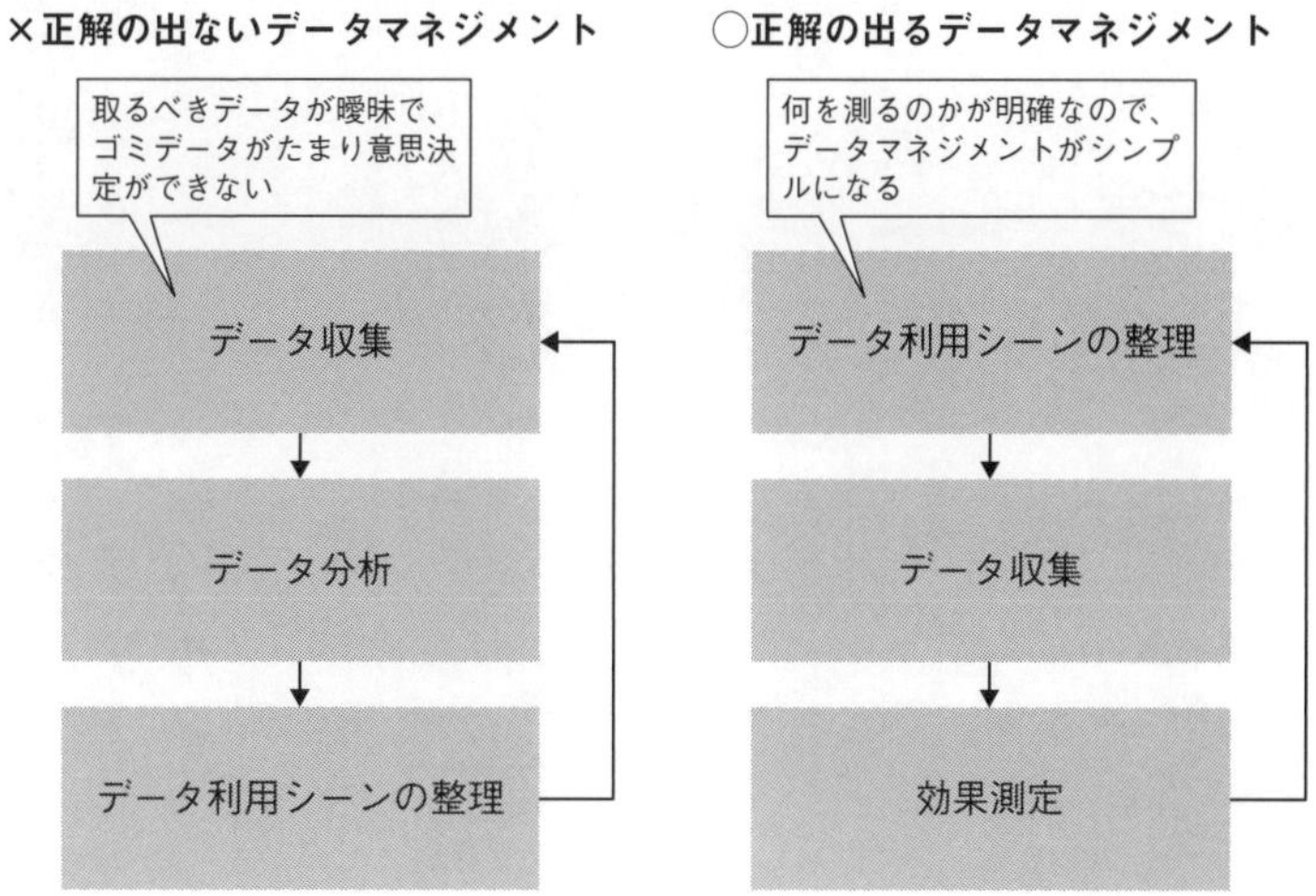

に多くの労力を割くことになります。

繰り返しになりますが、データを活用するためには、データの利用シーンを明確にし、そのうえで本当に必要なデータを整理し、収集、分析と進めていくアプローチが求められます。

様々なテクノロジーを組み合わせる

ここまでに、データの利用シーンを明確にするうえで分析したいポイントを明確化することが重要だと解説しました。

顧客とのタッチポイントが多様なチャネルに点在している現代のマーケティング環境は、1つのシステムで全データを収集・管理できるほどシンプルではありません。

データ収集と一口にいっても、顧客向けにマーケティング活動を推進するシステムと、社内のプロジェクトマネジメントを行うシステムでは、収集するデータもその管理方法も異なります。また、データベースもＣＤＰ、ＤＭＰなどの様々な基盤があり、ひとくくりにすることが難しくなっています。

多様化する顧客行動や嗜好性にフィットするマーケティング活動や、データを活用した最適化活動を実現するためには、**様々なシステムを組み合わせて、１つの最適なデータマネジメントモデルを策定する必要があります**。当然やみくもにシステムを導入すれば良いということではありません。データ活用を進めるためには、利用シーンに最適なシステムを導入し、それを運用できるプロセスを構築するMOpsモデルが必要です。

価値を創造する〝仕組み〟が必要な時代

２０２０年にガートナー社のアナリストであるベンジャミン・ブルーム氏が発表した“Marketing Technology Drivers of Genius Brand Performance”という調査レポートは、デジタルＩＱ（デジタルＩＱスコア）というガートナー社が独自に開発した、デジタルパフォーマンスを評価する指標と、マーケティングテクノロジーの活用度合い（多さ）の相関性の分析結果が掲載されています。

このレポートでは"Genius"と名付けられたデジタルＩＱの高いトップブランドは、大手企業（グーグルやアドビ、セールスフォース）の統合ソリューションのみならず、個別かつ細部にわたる利用シーンで使えるポイントソリューションを含めた複雑なマーケティングテクノロジースタックを構築していることがわかりました。**様々な機能が備わっている統合ソリューションで固めるだけでなく、特定機能に特化したツールをつなぎ合わせることで、より良いカスタマーエクスペリエンスを提供しているのです。**

また、次ページの図はＹ軸にデジタルＩＱ、Ｘ軸に使用しているマーケティングテクノロジーの活用度合いを取って2次元グラフにマッピングしたものです。ナイキやＬＧなどのGeniusブランドの多くが、右上のゾーンに位置することがわかります。つまり、デジタルＩＱの高さはテクノロジーの活用度合いと相関関係になっているのです。これらGenius企業が使用しているマーケティングソリューションの数は平均で64個におよぶことがわかっています。

ベンジャミン・ブルーム氏は、「たくさんのテクノロジーを使用していても、テクノロジーコストが予算に見合ったものになるかは不透明」であることを強調しつつ、

■ DIQ（デジタルIQ）と使用するマーケティングテクノロジーの活用スコアの相関図

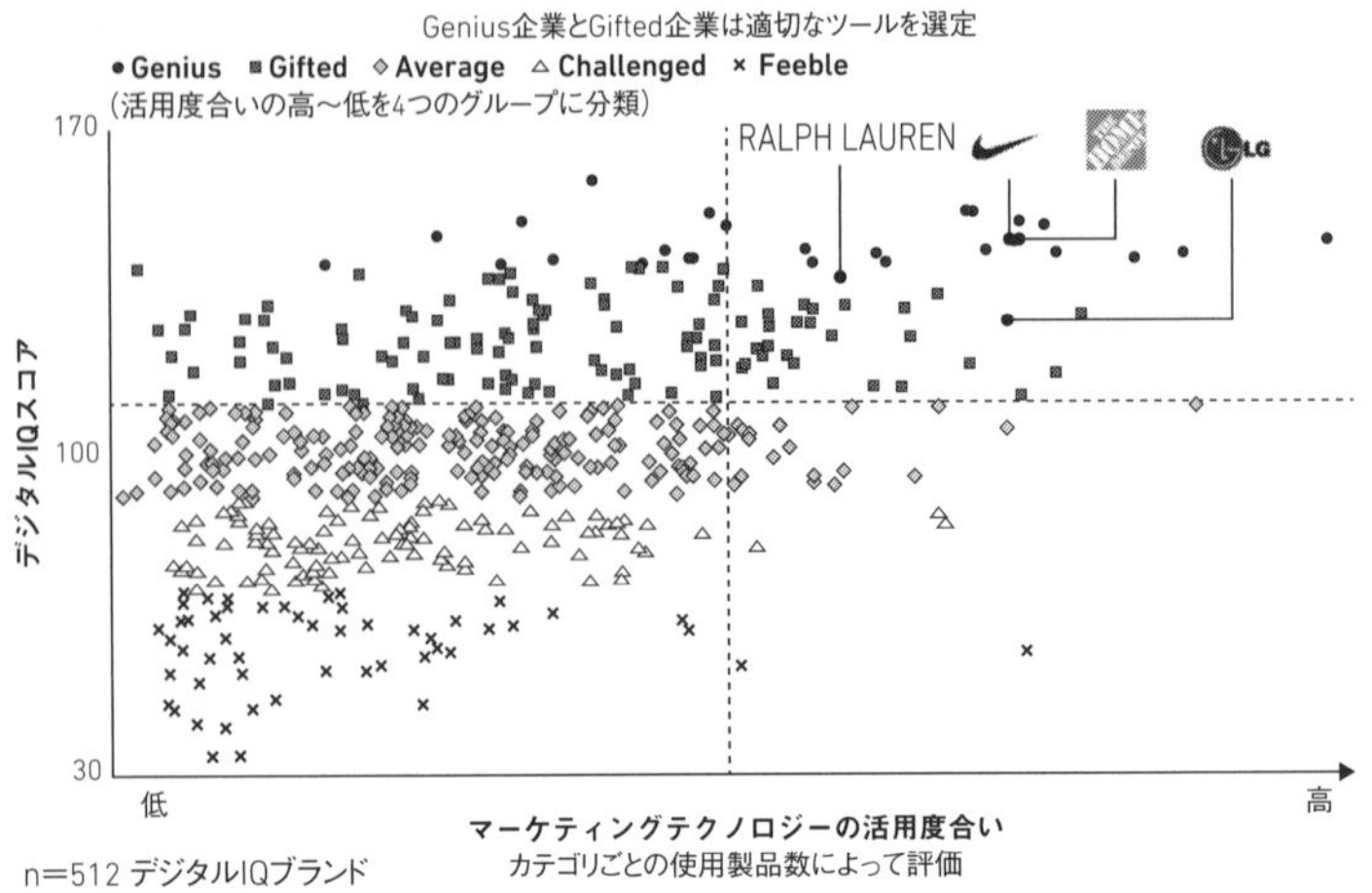

出所：ガートナー「(2020) Relationship Between DIQ Scores and Product Deployment」
https://www.gartner.com/en/marketing/research/marketing-technology-drivers-of-genius-brand-performance

「テクノロジーを活用して優れたデジタルマーケティングを実現し、成果を上げているブランドを見習うべきだ」と締めくくっています。

ナイキは卸売のマーケティングモデルでしたが、昨今は自社のECサイトを強化し、あらゆる顧客とのタッチポイントをデジタルで構築することで業績を大きく伸ばしています。コロナ禍では、室内のトレーニングに適したトレーニンググッズを多数販売し、効果的に巣ごもり需要を取り込みました。これは実店舗の営業が制限された中で、データを活用しタッチポイントを構築してきた成果の表れではないでしょうか。

デジタルへの投資が多いからといって

売上が上がるということではありませんが、成果を上げているブランドは統合ソリューションだけでなく、**複数のテクノロジーツールを組み合わせて、効果的なデータマネジメントを構築している**という傾向が明らかになっています。

このレポートからわかるように、顧客価値を創造し、それを提供するためには、クリエイティブな感性やリサーチ力の他に「仕組み」が必要な時代になったと言えます。本章では、顧客価値を創造するオペレーションモデルの設計・運用について解説していきます。

02

最適なターゲット層・ペルソナを導き出すデータ活用の方向性

データ活用の大きな目的は、自社の製品やサービスを本当に必要としているターゲット層やペルソナにより高い価値提供を行うことです。顧客に選ばれる存在になるために、顧客の悩みやニーズ、行動や嗜好性をデータで収集し、最適なマーケティングメッセージやバリューを提案する、一連のマーケティング活動のサイクルを構築することが求められます。

そのためには前節で述べたようなデータを活用する仕組みが必要になります。

データ活用が進まない多くの企業では、データの一貫性がないという課題を抱えています。**データの一貫性とは、「顧客に〇〇という価値を提供するために、〇〇に関するデータ検証が必要だ」といったデータ活用のコアとなる指針です。**

データ活用の指針は、顧客や見込み顧客が欲していることや悩んでいるポイントを特定し、それに対してどのような価値を提供したいかを基点に定義します。基本的なマーケティング活動の考え方と全く同じプロセスです。

ターゲット層の設定

どのようなマーケティング活動でもマーケターは、まず商品やサービスを売り込むマーケットを特定します。

自社の商品やサービスを販売できる可能性のあるマーケット全体の規模であるTAM（Total Addressable Market）と、その中で**自社の製品やサービスのターゲットにできるセグメントであるSAM**（Serviceable Available Market）、そして、**サービスの販売が可能なマーケットや市場占有率など自社が現実的に獲得できるセグメントであるSOM**（Serviceable Obtainable Market）を設定します。

なお、ここで言うターゲット層とは、SOMを含むSAMのエリアと考えてください。このターゲット層の設定が明確でないと、マーケティング施策の方針がぶれてしまい、顧客に一貫したブランドメッセージを届けることは困難です。ターゲット層が変われば、対峙する競合や提案する価値、ペルソナも全て変わるからです。

■ TAM、SAM、SOMとターゲット層エリア

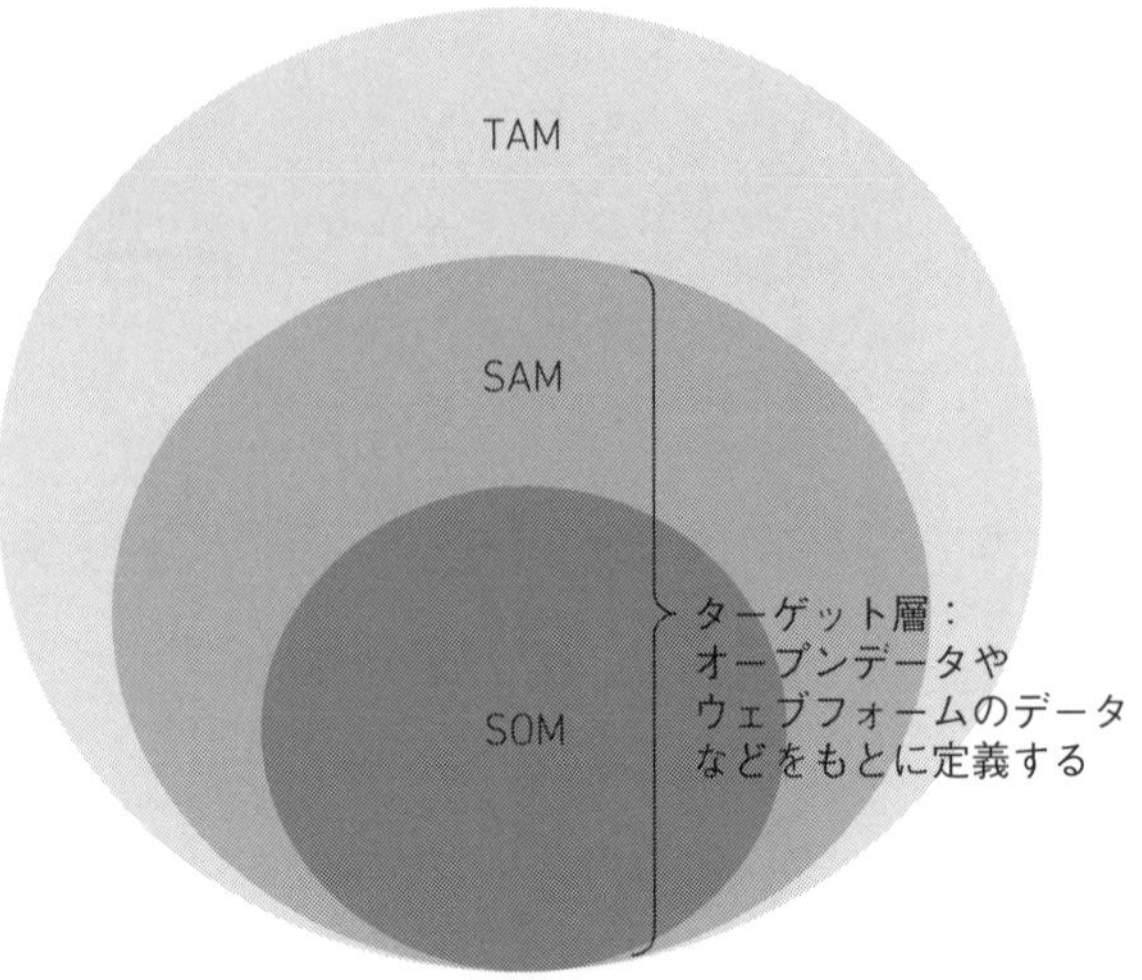

全てのマーケティング活動において、TAMの定義はもちろんですが、SAMやターゲット層の定義も極めて重要です。データに一貫性がないのは、この定義を明確にしないままマーケティング施策やテクノロジーを活用しているからです。**そして、ターゲット層はオープンデータやウェブフォームのデータなどをもとに定義できるものでなければいけません。**

ターゲット層を定義する方法をB2Bのケースで解説します。**TAMを掘り下げてターゲット層のグループ（セグメンテーション）を定義していきます。**

B2Bのビジネスであれば、企業属性をセグメンテーションの切り口として使うことが重要です。業界／業種・従業員数・年

間売上高・予算・地域など、自社の製品やサービスの販売対象となる企業群を定義します。特定の業界に特化した商品を販売している場合であれば、以下のようなセグメンテーションが考えられます。

- **業界：製造自動車業界**
- **従業員数：1万人以上**
- **年間売上高：1000億円以上**
- **地域：日本または東南アジア**

ペルソナを定義する

ターゲット層を定義したらペルソナを定義します。B2Bのケースでは、部門や役職、立場などがペルソナのセグメンテーションとして用いられます。

ビジネスによっては複数部門と取引する場合もあるかと思います。この場合もそれぞれのステークホルダーを特定し、彼らの課題や目標を理解することが重要です。

03 サードパーティ(外部)データの分析でわかる情報

MOpsがターゲット層やペルソナを分析するうえで欠かせないデジタルツールはたくさんあります。セグメンテーションの対象となる企業が一瞬で導き出せるデータベースや、競合のウェブ上の動向を分析するプラットフォーム、ペルソナの興味関心を知るLinkedInやTwitterといったSNS、そしてサードパーティ・インテントデータなどが挙げられます。

企業データベースを活用したターゲット層の絞り込み

日本ではユーザベース社が提供する「SPEEDA」や「FORCAS」、ユーソナー社が提供する「uSonar（ユーソナー）」などのツールを使うと自社がターゲットとする企業リストを簡単に抽出・作成できます。つまりターゲット層の大きさが即座に把握できるということです。

最近ではスタートアップに特化した企業情報や、使用しているテクノロジーや顧客データベースの大きさ、または最近の企業活動のハイライト（例えばスタートアップであれば資金調達をした）など、一般に公開されていない情報でも絞り込みができるようになっています。**これらのデータベースサービスを活用することで、よりスピーディーにターゲット層の規模、動向などを一覧で把握できます。**

また、広告ソリューションを利用してターゲット層の規模を把握することも可能です。LinkedIn広告では業界や業種、職位などでセグメンテーションをして広告を配信できます。

つまり、そのセグメンテーションでどのくらいの規模の広告を配信できるかが簡単に把握できるのです。あまりにも規模が小さすぎるとオンライン広告を配信しても効果は限定的になりますし、大きすぎると詳細にセグメンテーションをしてより理想的なオーディエンス層にリーチする必要性に気づくでしょう。

ウェブ上のデータを活用した競合分析

競合より多くのマーケットシェアを獲得するためには、競合の分析も重要です。これまで競合調査といえば内部データをどうにかして入手しない限り、有益な情報を得るのは大変難しいものでした。しかしタッチポイントのほとんどがデジタルに移った今、競合他社の様々なデータを簡単に分析できるツールがたくさん出ています。**競合がウェブ上でターゲットにしているキーワードやそれに対するパフォーマンスや広告出稿状況、ソーシャルメディアのパフォーマンスデータなどを簡単に比較できるのです。**

競合分析の代表的なツールとしてSemrushやAhrefsが挙げられます。これらのツールでは競合他社がどのような広告を出稿しているのか、どのような自然検索キーワードで集客しているのか、そしてこれらのキーワードが自社とどのくらい重複しているのかなど、ウェブ上のマーケティング活動を簡単に分析できます。競合のキーワードやウェブの流入戦略を分析することで、自社が狙うべきキーワードなどを的確に特定できるのはもちろん、価値提案やコピーライティングなどの差別化も図ることができるのです。

これらのツールでは様々な角度から競合分析を行うことができ、結果的にターゲット層をより明確に定義したり、競合に対する戦略立案を行ううえで大変役立ちます。これらの分析ツールが持つ検索トラフィックなどのデータは100%正確でない部分もありますが、大枠のトレンドはつかむことができるので、競合分析や自社のサイト分析などの用途で使用するには十分なデータの精度だと言えます。Semrushに関してはフリートライアルを提供※していますので、興味のある方はぜひ試してみてください。

サードパーティ・インテントデータの活用

ここ数年グローバルで注目を浴びているのが、インテントデータです。インテントデータとはウェブサイト上の様々なコンテンツの消費行動から推測される興味関心に関するデータを指します。サードパーティ・インテントデータプロバイダが提供するデータを使うと、**自社のウェブサイトにまだたどり着いていない、もしくは読み取りきれない潜在顧客の広範囲な興味関心トピックやその度合いを把握することができます**。

※参考：セムラッシュ社
https://www.semrush.com

サードパーティ・インテントデータを提供するプロバイダの代表格として「Bombora（ボンボラ）」や「IntentData.io（インテントデータ・アイオー）」などが挙げられますが、インテントデータの収集方法はそれぞれ異なります。Bomboraは全世界4000以上の事業者が集まるデータコープを保有しており、そこにダイレクトタグを埋め込むことで様々なB2B購買インテントデータを常時収集しています。一方、IntentData.ioは、ウェブ上で一般公開されている情報をもとにしたインテントデータを提供しています。中にはサードパーティクッキーやIPルックアップに頼っているブラックボックスソリューションも数多くあります。この種のベンダーのデータクオリティはたいてい低く、加えてサードパーティクッキー廃止の動きを考えるとスマートな選択ではありません。

サードパーティ・インテントデータを使う最大のメリットはターゲット層や潜在見込み顧客を早期に特定できることです。つまりターゲット層のリストの中で「今、自社の製品やサービスに関心がありそうだ」という企業の目星を付けることができるのです。

実際に多くのグローバル企業が取り入れているケースを紹介します。

❶営業やインサイドセールスチームと**ターゲットアカウントリストを作成**する

❷Bomboraのトピックリストから自社の製品・サービスに興味があると推測できるトピックを選択し、**「インテントあり」の評価基準を定める**

❸Bombora、LinkedIn、MAなどの**データ連携を設定**する

❹ターゲットアカウントリストとトピックリストをBomboraに引き渡し、**インテントデータの収集を開始**する

❺Bomboraからのレポートをもとに、「インテントあり」と評価したアカウントに対し、部署や役職名を指定してLinkedIn上で**広告キャンペーンを開始**する

❻**獲得したリード**は直接営業・インサイドセールスに渡したり、インテントデータに沿ったナーチャリングキャンペーンに追加し、MQL化した後に営業・インサイドセールスに渡す

❼トピックが自社の製品・サービスに合っているか、そしてコンタクトした結果、インテントの有無を評価する基準点が実際の購買興味・意欲とマッチしているかなどの**フィードバックをもとに改善サイクルを回す**

日本ではユーザベース社の「FORCAS」でも、レビューサイトのIT reviewの情報

を活用したインテントデータのサービスを提供しています。

このように、自社で収集するデータ以外にも多くの外部データを活用することで、ターゲット層の分析やペルソナの動向など、多くのことが実現できるようになっています。

MOpsによってこれらのデータを活用したグロースモデルを構築し、正しいターゲット層に正しい価値を提案することが求められています。

04

施策効果を最大化させるためのアプローチ方法

デジタルマーケティングでは、データドリブンに高速に改善サイクルを回し、その成果を最大化する動きが重要です。どれだけ優秀なマーケターでも1回でキャンペーンを成功させることは多くありません。**当たるか外れるかの勝負をするより、顧客のレスポンス、つまり結果のデータを注意深く観察し、テストを繰り返しながら、徐々に最適化を図っていく方が効率的です。**

練りに練った完璧な施策と不完全でもスピーディーに始めた施策はどちらが得か

毎回複雑な分析をしていたら、高速な意思決定とマーケティング活動の最適化を行うのは難しくなります。

例えば、ある施策のクリエイティブについて完璧を求めてじっくり3か月間構想した場合、この期間はコストしか発生していません。

一方で、完璧ではないもののクリエイティブを1か月で構想し、ABテストを通じて繰り返し最適化を図った場合は、少なくとも前者のアプローチより2か月早く何らかの収益、または顧客の反応などの結果データを得ることができます。

ABテストの結果データをもとに最適化すればリアルタイムにオーディエンスの反応を見ながら効果検証できるため、勝率は高くなるのです。

施策効果を成長につなげるうえで重要なアプローチ

❶答えは顧客のみぞ知る

このアプローチに重要なポイントは、マーケターが良いと思ったものでなくても、顧客が良いと反応すればそちらを選択するということです。あくまでもクリエイティブは顧客が良好な反応をしてくれることが、最大の正解なのです。

❷0・1%の改善インパクトを知る

金融投資の世界でも語られることですが、わずか0・1%の改善でも複利の効果が大きな改善につながります。**ABテストの結果、差が0・1%や0・01%とわずかであろうと、数値が上回ったものを正規の値として次の改善に生かすという意思決定のプロセスが重要です。**これを高速で回すことでわずかな差も大きな効果に変わっていくのです。マーケティングの世界では0・1%の改善は大変大きな改善であることも多いです。例えば、オンライン広告のバナークリック率が0・3%から0・36%に改善すれば、これは20%の改善です。単純ではないですが、20%の新規リードが増加する可能性があるということです。

❸遅れの怖さを知る

これは先ほども解説した通りですが、3か月悩み120点のクリエイティブを検討するのではなく、**80点のクリエイティブでも早く市場に投下し、顧客の反応を見ることが重要です。**マーケティングではスピードがそのまま収益に直結します。1日でも早くマーケティング活動を実行し、ABテストなどの改善サイクルに入る方が得策で

■ データドリブンなグロースモデルの構築

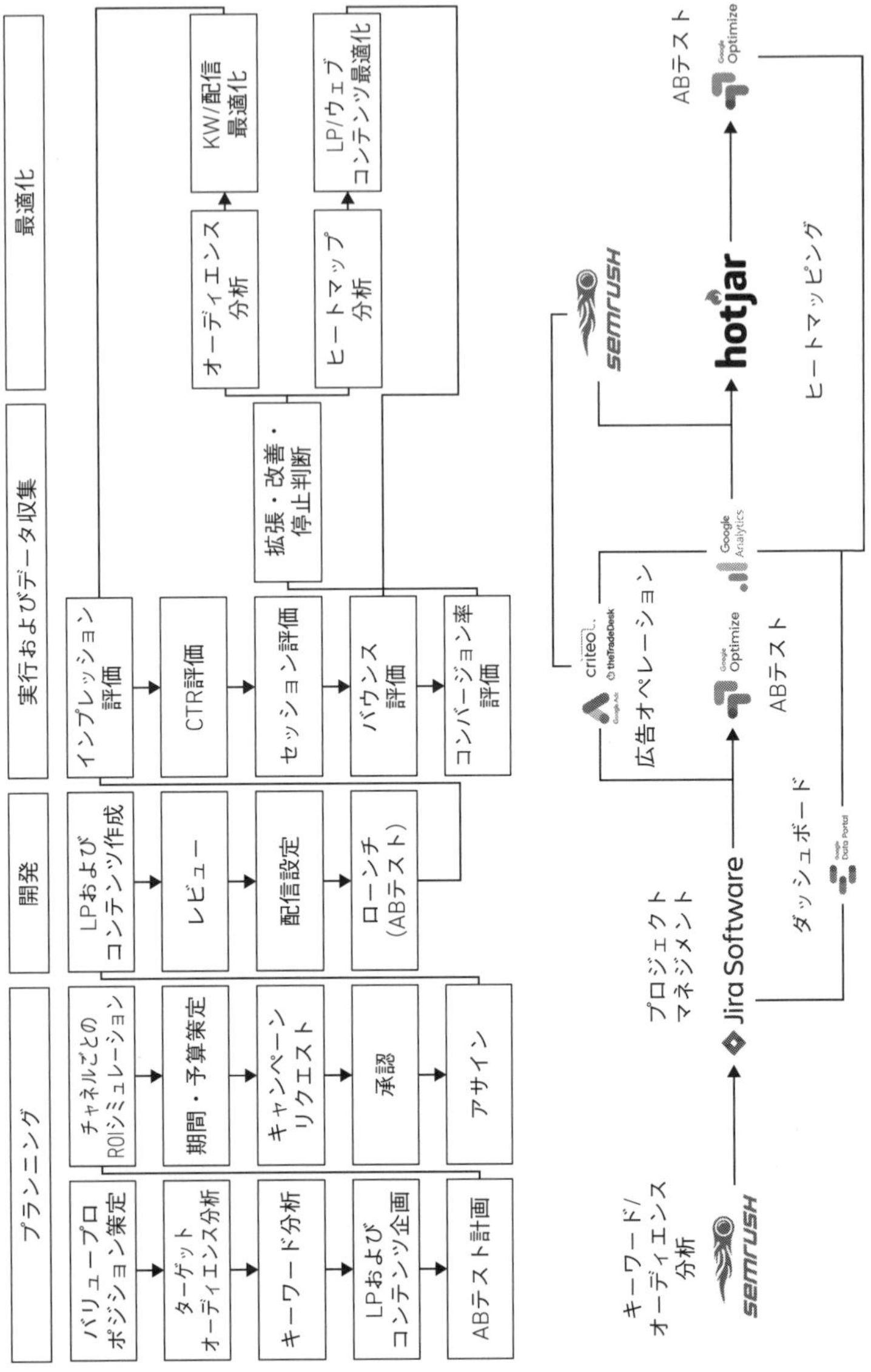

す。

今ではTVCMでも地方で小さくABテストし、効果が高いものを全国で放映するような動きが一般的になってきています。適当に雑にやっても良いという意味ではなく、時間を意識してできるだけ早く市場に投下することを心がけることが重要です。

❹最適なプロセスとテクノロジースタック

これらの方針に沿って、最適なテクノロジーツールを組み合わせて、最適なオペレーションモデルを構築する必要があります。

例えばオンライン広告やウェブ広告の最適化プロセスであれば、サイト解析ツールやヒートマップツール、ABテストツールなど様々なツールを駆使し、結果や利用シーンが明確にされたデータマネジメントを行い、プロセス化されたオペレーションで高速な最適化活動を実現していきます。

前ページの図に挙げたツールは代表的なもので、ウェブサイトの最適化だけでも他にも多くのツールを活用してオペレーションモデルを構築しています。

05

顧客価値を創造する施策マネジメントモデルの策定

各マーケターが独自に施策のオペレーションをしていると、データが意図した形でインプットされず、意味のあるアウトプットが難しくなります。

MOpsはマーケティングチームの誰もが、即座に施策のアウトプットを確認できるようにデータを管理する必要があります。つまり、マーケティングチーム全体のインプットとアウトプットを整備しプロセス化するのです。

プロセス化のために必要な情報

MOpsは、プロセスの統合のために、マーケティングチームに点在する施策データを集める必要があります。当たり前ですが行う施策によって集めるデータは異なります。オンライン広告であればクリック単価や新規リード顧客単価はもちろん、ランディングページのパフォーマンス指標を収集します。一方Eメールキャンペーンでは開封率やクリック率、コンテンツごとのオーディエンスのエンゲージメント指標などを収集することでしょう。しかし、チャネルが違うからといってそれぞれ別の運用ルールで動いていては、貴重な検証データをフル活用することが難しくなります。「このターゲット層にはこのキーメッセージが効果的だった」というデータをチャネル間で共有できれば、広告コピーやEメールの件名を最適化するなど双方向で改善ができます。このように、チャネルや施策ごとにサイロ化されたマーケティングの成果や検証データを効果的に管理することが必要です。

キャンペーンリクエストフォームがデータインプットとして重要

第1章05節でも解説しましたが、グローバルマーケティング現場では、マーケティング施策ごとに、実行をリクエストするフォームが用意されています。このキャンペーンリクエストフォームには、実施ビジネスカテゴリ、タッチポイント、目標、コスト予算、ターゲットオーディエンスのカテゴリ、キーメッセージのカテゴリ、必要なクリエイティブの種類と数、測定指標、期間などの項目が用意されており、このフォームから申請し、それが承認されることで初めて、キャンペーンの実行ができるようにプロセス化されています。**これらの入力データは効果検証において重要なデータで、最終的にはこれらのデータの集計やフィルター軸として活用されます。**これがシンプルにデータの利用シーンを明確にして、データを収集するという動きの起点になります。

つまりインプットの時点で、誰に、何を、どのような予算で、といった情報をデータ化し、そのデータに結果のデータを紐づけるというシンプルなデータマネジメントで最適化のサイクルを構築し、意思決定のプロセスを早めているのです。このキャンペーンリクエストの構築については第5章でも詳しく解説していきます。

第4章

成果を可視化するレベニュープロセスマネジメントの設計・運用

01 生産管理から学ぶレベニュープロセスマネジメント

MOpsの大きな仕事の1つにレベニュー（収益）プロセスの中のマーケティングプロセス整備とそのマネジメントがあります。近年では、多くの企業がリード（見込み顧客）の獲得から商談や受注へ至るプロセスを明確に定義し、それをシステムとデータで管理するレベニュープロセスマネジメントに取り組んでいます。企業ごとに独自のレベニュープロセスを設計・管理し、データによって営業活動のボトルネックや売れ筋商品を発見することで、最適なリソース配分を行い生産性の向上を目指しているのです。

私たちの恩師でもある、ジャパン・クラウド・コンサルティングの福田康隆氏（序章インタビュー参照）の著書『THE MODEL』（翔泳社）は、まさにレベニュープロセスマネジメントの模範を日本のマーケットに具体的に示した最初の書籍です。出版から

■ レベニュープロセスマネジメントの全体像

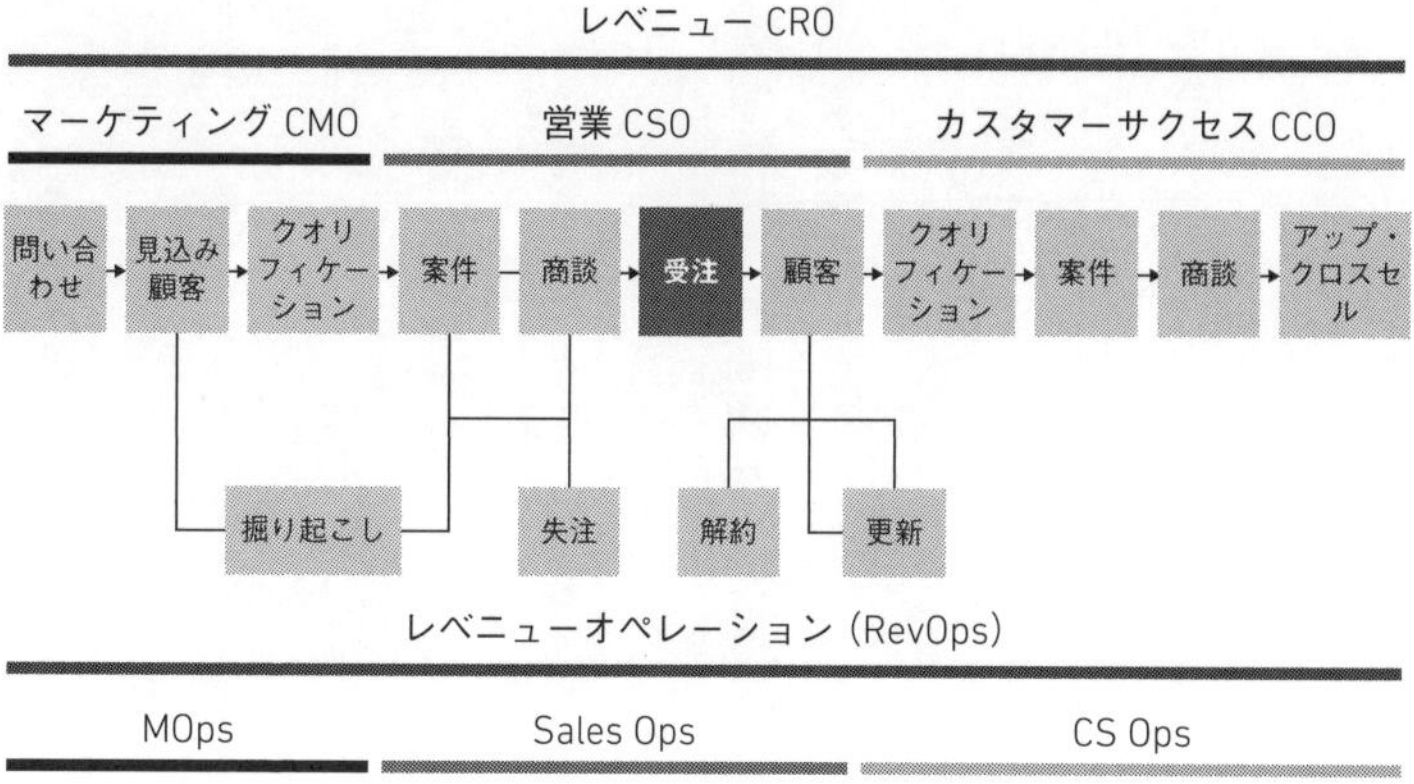

数年経った今もベストセラーにランクインしていることからも、多くのエグゼクティブから実務者にまで読まれていることがわかり注目度合いの高さを感じます。

レベニュープロセスでは以下のように管轄が分かれているケースが多く見られます。

- **経営領域はCRO、CMO、CSO、CCOなどのリーダー**
- **マーケティングにおけるテクノロジー領域はMOps**
- **営業におけるテクノロジー領域はSales Ops**
- **カスタマーサクセスにおけるテクノロジー領域はCSOps**

MOpsはSales OpsやCS Opsとともに最

適なプロセスマネジメントを実現するため、テクノロジーの選定、データの統合、連携などを推進します。さらに近年ではこれらの統合機能としてRevOps（Revenue Operations：レベニューオペレーション）の役割も大きくなってきています。

日本人は世界一のプロセスマネジメントを実現してきた

このレベニュープロセスマネジメントという概念は、生産現場で長年蓄積されてきたもので、ここ10年や20年の短いスパンで生まれたわけではありません。**ものづくりの世界で蓄積されてきた、生産管理の世界で活用されるプロセスマネジメントが原型となっています。**日本は、トヨタのカンバン方式が世界中で知られている通り、プロセスマネジメント分野を世界のトップランナーとしてリードしてきました。この緻密なプロセスマネジメントのノウハウが、営業やマーケティングの世界に応用されるようになったのです。こんな背景からも本来、日本はレベニュープロセスの分野で世界一になれるのではないか、と筆者は考えます。

ものづくりのような正確な予測と改善

ものづくりの現場では、出荷予測を立てたり、遅延なく出荷量を最大化したりするために、各工程の作業時間や次の工程へ渡す加工品の数、作業スピード、役割と責任やリソース配分などが厳格に決められています。最近ではこれらの作業の多くは自動化され、ロボットが代替するようになりました。

これは営業やマーケティングの世界でも同様で、「W円の収益の算出に必要な新規リード獲得数はX件で、そのうち営業にY件引き渡し、営業がZ日程度で商談化を目指す」のように厳格に管理することが必要なのです。近年ではシステムによる自動化が進み、売上予測やボトルネック・成長ドライバーの発見、最適なリソースの配置ができるようになりました。

このように考えると、MOpsは生産工場の設計者のようなもので、商品に関わる部署（製造ライン）を効率的に動かし作業スピードを最適化して、生産性を可視化する役割を担っているように思います。

あるメーカーの担当者から面白い話を聞きました。「日本のメーカーの生産技術は疑う余地なく世界でもトップクラスで、生産現場では各工程をモニターで確認し、データ分析を行い、課題のある工程を1分短縮すればどの程度収益が向上するかを瞬時に導き出せる」と言うのです。「では、その技術をなぜマーケティングや営業に活用しないのですか?」と尋ねると、「確かにそうだ。その技術をマーケティングや営業に活用すべきだ」と笑いながらおっしゃいました。彼らはすでに世界でもトップクラスのレベニュープロセスマネジメントの技術を持っているはずなのです。

02

テクノロジーの活用で収益効果を可視化する

マーケティングの世界で、プロセスマネジメントと収益効果は直結しています。レベニュープロセスとマーケティング施策の管理を適切に行えば、**収益がどの程度増加するかを、テクノロジーやデータで容易に可視化できるようになります**。

従来のマーケティング手法はチラシ、新聞広告、雑誌、看板広告やTVCMなど、データ化するのが難しいオフラインのチャネルが中心で、これらをデータ化し収益効果を導き出すのは、かなり骨の折れる作業でした。しかし、現代のマーケティングはデジタルチャネルが中心です。正しい使い方をすれば自動でデータを収集できます。雑誌などのオフラインの媒体ですら、QRコードなどを経由してデジタルチャネルに遷移させれば効果をデータに置き換えることができるのです。

収益効果を可視化するための第一歩は、レベニュープロセスマネジメントの設計と

構築です。ECサイトなど対面での営業が介在しないビジネスモデルの場合は、このレベニュープロセスをそれほど意識する必要がありません。ECサイトでは購買までのプロセスをワンストップで完結できるようにデザインされているため、商品の閲覧から購買までユーザーが自らプロセスを進めます。一方で比較的ビジネスサイクルが長く、対面での営業が介在するB2Bや不動産、人材などのビジネスにおいてはレベニュープロセスマネジメント構築が重要です。これなしではマーケティングの収益効果を証明できません。

レベニュープロセスマネジメントを行ううえで投資コストを把握するために注目すべきがリード、商談、受注の3点です。当たり前の話ですが、見込み顧客を何件獲得し、それが何件、何円の商談に転嫁し、そこから何件、何円受注したのか。まずは最低でもこの一連のプロセスを可視化する必要があります（次ページの図の①に当たります）。

これが把握できたら、次にその間のコンバージョン率（遷移率）を測定します（図の②の部分に当たります）。獲得した見込み顧客が何件商談化したのか、そして何件受注したのか、そのコンバージョン率を測定することで、品質の良い見込み顧客を獲得できているのか否かがわかります。

また、獲得単価に注目することも重要です（図の③に当たります）。

■ 主要なレベニュープロセス指標

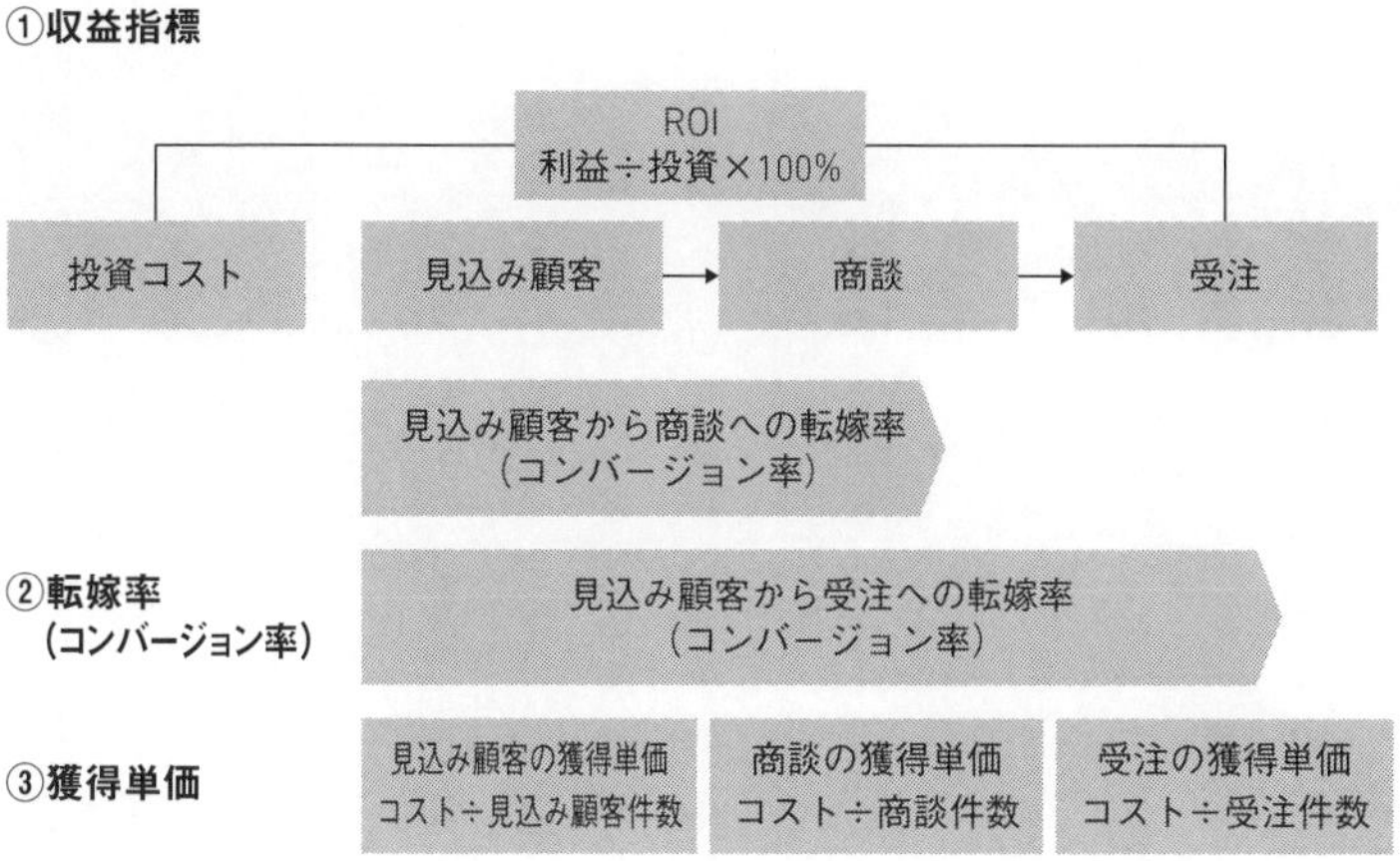

見込み顧客の獲得単価はもちろん、商談の獲得単価、そして受注の獲得単価を出すため、投資コストをそれぞれの件数で割ります。そもそも投資に対するリターン、ROIは適切なのか否かを確認することは、言うまでもなく重要です。

まずは最低限この3つのプロセスを可視化する必要がありますが、これらのトラッキングは、SalesforceやMicrosoft Dynamics 365といった代表的なSFA・CRMシステムで標準的な機能として提供されています。

グローバルの多くの企業は必ずと言って良いほど**リード／コンタクトオブジェクト（見込み顧客を管理する機能）**や**キャンペーンオブジェクト（マーケティング施策を管理する**

機能）、商談オブジェクト（商談を管理する機能）といった標準機能を利用しています。
これらを活用することこそ、マーケティングが収益に与える影響を可視化することに直結しているからです。

残念ながら、日本ではこの標準機能の活用が十分にできている企業は多くありません。これが多くの企業が抱えるマーケティングの効果と収益が結びついていないという悩みにもつながっています。SFA/CRMの活用はマーケティングの効果分析に大変重要な役割を担っているのです。

03

複雑化するプロセスとクオリフィケーション

現在はリード、商談、受注を可視化するという最低限のプロセスに加えて、より詳細なプロセスを整備する企業が増えています。特にマーケティングから営業にリードを何でも引き渡さずに、**特定の基準をクリアした優良なリード（購入する可能性がある顧客）だけが営業に引き渡されるよう、「クオリフィケーション（適格性評価）」のプロセスが整備されています**。これは営業の生産性向上という観点で極めて重要な役割を担っているうえ、商談期間が長い商材においては収益に対する中間指標となっています。

例えば展示会で獲得した名刺3000件を営業担当にそのまま引き渡したとします。営業担当は案件化の見込みがあるのかどうかもわからないままフォローアップし、3000件中10件を商談化させたとしても、残りの2990件分の活動は無駄に終わります。クオリフィケーションのプロセスが整備されていれば、営業は購買に興味のあるリードだけをフォローアップでき、無駄な活動を大幅に減らすことができます。このように生産性を向上させることは収益に直接的な影響をもたらします。10回訪問して、1回しか受注できなかった営業活動が3回受注できるようになれば、生産性は3倍になり、営業人員を3倍に増やすことと同じ効果を発揮します。

マーケティングは従来のブランド認知を向上させる、リードを獲得するといった役割に加えて、良質なリードを営業に引き渡すという役割も担うようになりました。近年では、MAなどが提供する「スコアリング」という機能でこのクオリフィケーションプロセスが運用されています。そしてこのスコアリングの精度やその算出に活用されるデータマネジメントもMOpsが担っているのです（スコアリングについては第4章05節で説明します）。

代表的なクオリフィケーションプロセス

レベニュープロセスにおける代表的な中間指標、クオリフィケーションのポイントをいくつか紹介します。

■ クオリフィケーションのプロセス

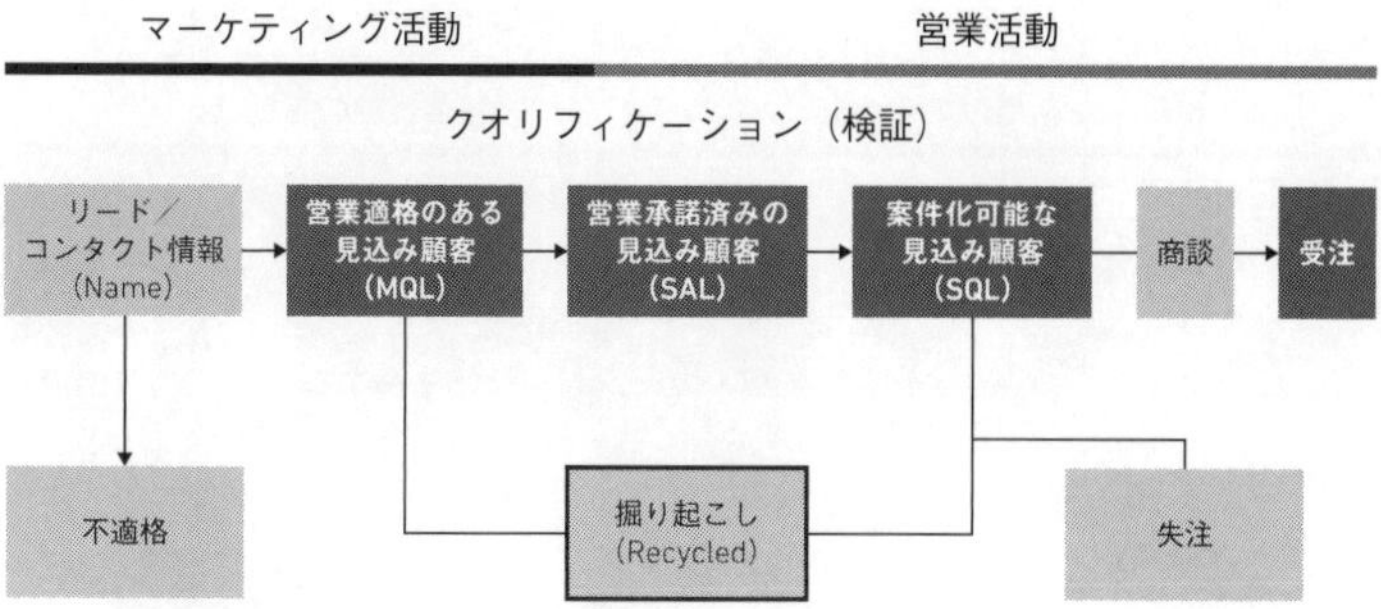

リード：見込み顧客
MQL：マーケティングクオリファイドリード（マーケターと営業の間で定めた基準をクリアした有望な見込み顧客）
SAL：セールスアクセプテッドリード（営業が案件化への対応を承諾した見込み顧客）
SQL：セールスクオリファイドリード（営業が案件化可能と判断した見込み顧客）

- **MQL（Marketing Qualified Lead）：マーケターと営業の間で定めた基準をクリアした有望なリード**
- **SAL（Sales Accepted Lead）：営業が案件化への対応を承諾したリード**
- **SQL（Sales Qualified Lead）：営業が案件化可能と判断したリード**

このようにマーケティング部門から営業部門へリードの適性評価を行い、優良なリードを営業案件として引き渡すプロセスの中で重要な役割として注目されたのが、インサイドセールスです。

インサイドセールスチームは独立して存在することも、マーケティング部門や営業部門に入っていることもあります。まさに

■ クオリフィケーションを担うインサイドセールス

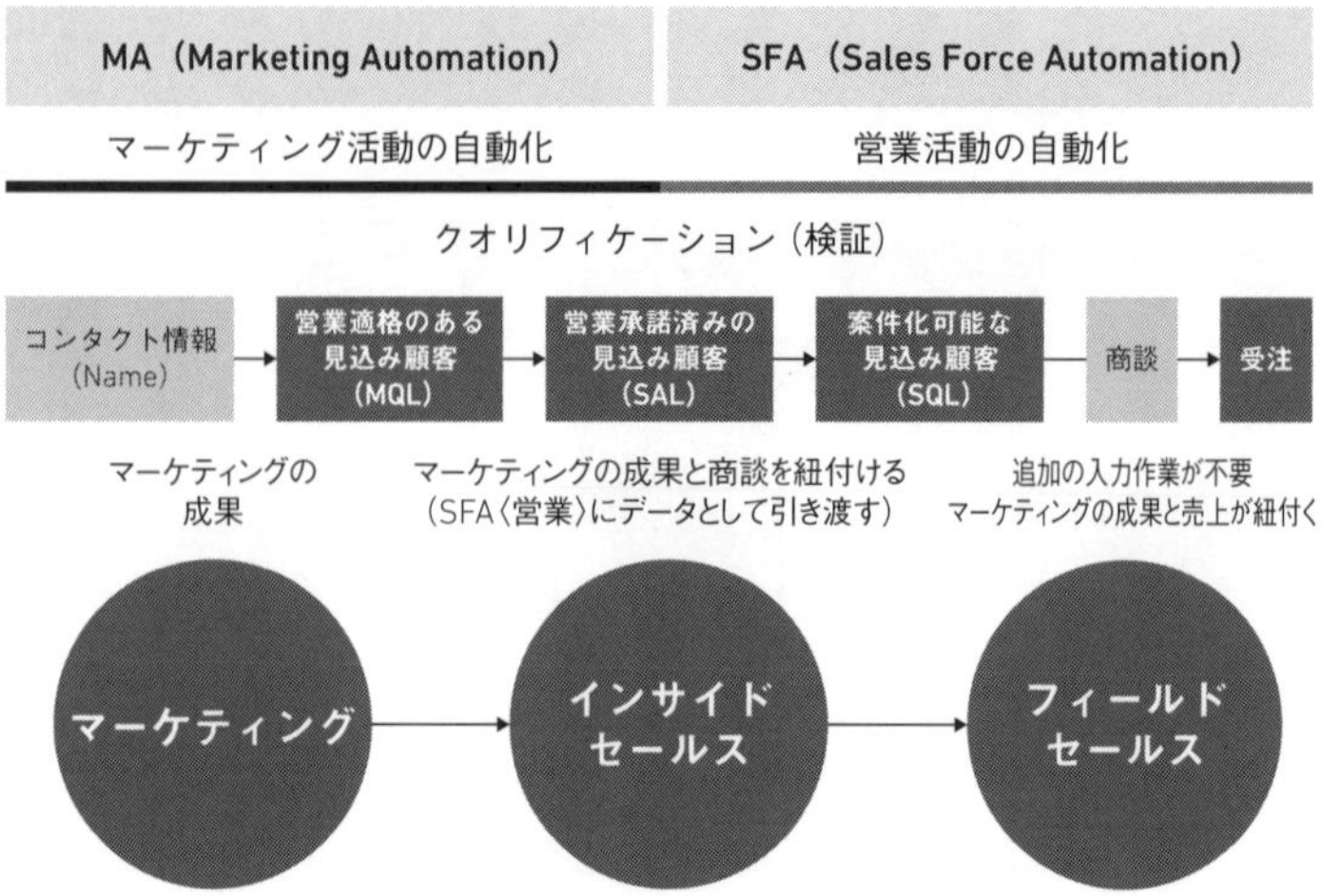

マーケティングと営業の中間に立つ橋渡し役を担っているのです。

　インサイドセールスは一般的に、マーケティング部門が有望だと判断したＭＱＬに対し、電話やメールでコンタクトし、現状課題や、検討時期や予算などの詳細をヒアリングし、商談機会があるかを判断し、それを営業担当に引き渡します。

　マーケティング部門と営業部門は収益の増加という共通の大きな目標を持っています。しかし双方の目標は往々にして相反することがあります。マーケティング部門はなるべく多くＭＱＬを創出したいため少しでも多く見込み顧客を営業に引き渡したくなりますが、営業はスピーディーかつ受注率を高く保って営業活動をしたいため、受ける見込み顧客を選別しがちになります。営業部門とマーケティング部門はベストフレンドであるべきですが、実際はこのように部門間で摩擦が生じてしまうケースが多いのです。

インサイドセールスの存在はこの問題の解消にも役立ちます。**中間にインサイドセールスが入ることで、時として利益の相反が起きる2つの部門をつなぎ合わせ、ボトルネックを解消しているのです。**

また、インサイドセールスは施策の収益効果を可視化するのに必要不可欠な、データマネジメントの役割も担っています。マーケティングで獲得・育成したＭＱＬが商談に寄与したと計測・可視化するには、リード／コンタクト情報と商談を紐付ける必要があります。マーケティング部門にとってこのデータの紐付けは大変重要ですが、営業部門からすると入力作業が面倒で協力を仰ぐことが難しいケースが多々あります。

この状況ではマーケティングでどんなに良質なＭＱＬを創出しても、収益効果が見えてきません。**インサイドセールスはマーケティング活動が獲得したリードを営業に引き渡すタイミングで商談データを作成し、これらのデータを紐付けるという重要な役割を担っています。**こうすることで収益に対するマーケティング効果が見えてくるのです。インサイドセールスがマーケティング組織に所属しているケースが多いのはこのような背景があるのです。

04

ROIを算出するキャンペーントラッキング

レベニュープロセスマネジメントとマーケティング施策を紐付け、ROIを自動的に算出する機能が多くのSFA・CRMに備わっています。それが「キャンペーン」です。キャンペーンはマーケティング施策を管理するデータベースで、KPIを管理する機能が備わっています。単純化した構造は次ページの図のようになります。

構造はシンプルで、1人のリード、またはコンタクトに対して、複数の施策を紐付けることができるようになっています。つまり、図が示すように各リード／コンタクトとの複数のタッチポイントを横断的に追い、各マーケティング施策のメンバー数はもちろん、かかった実費に対するROIなどを集計できます。

■ キャンペーンの構造

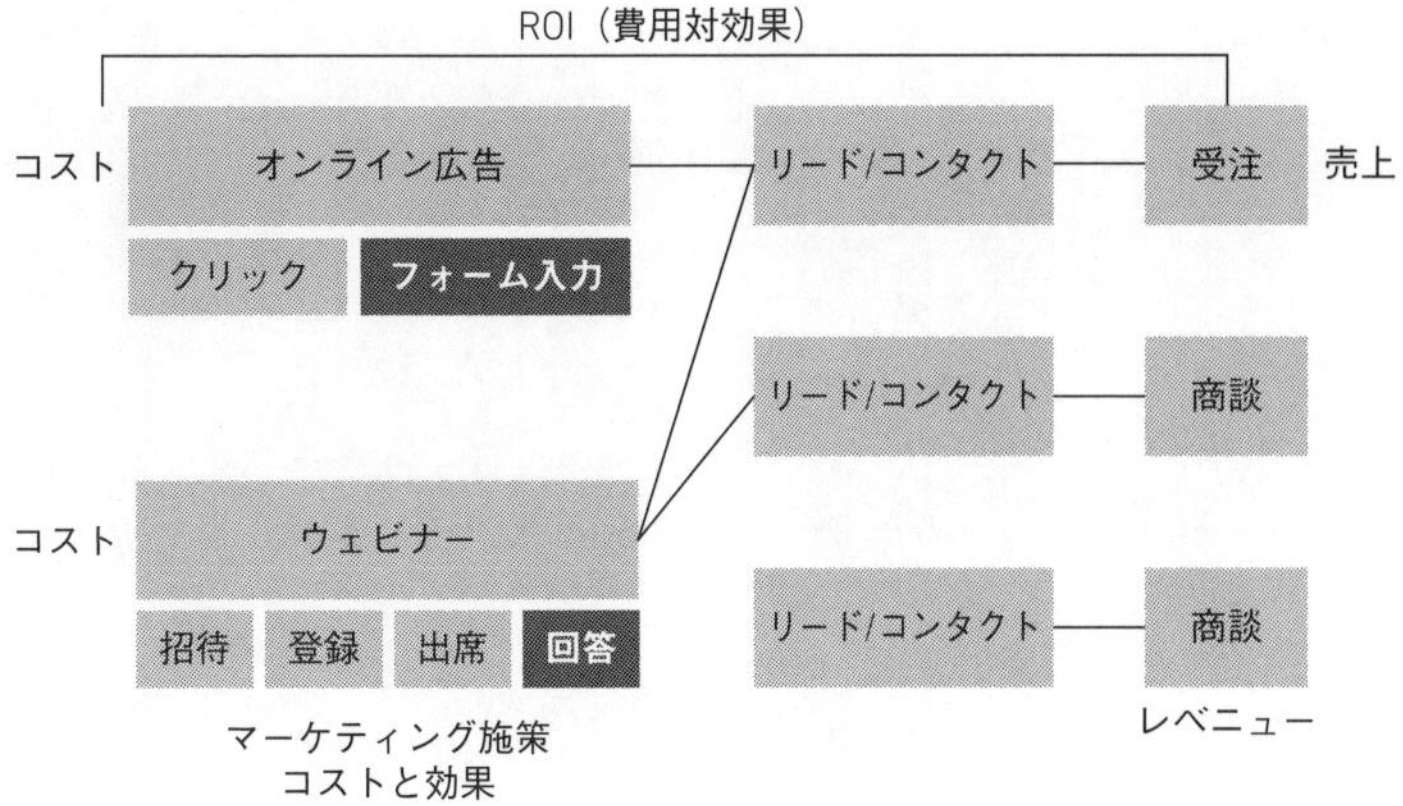

収益効果へのトラッキング

リードへの営業活動が進み、商談が作成され受注する、という一連のレベニュープロセスの進捗ももちろんSFAで管理されているため、収益成果のデータとキャンペーンに登録されたコストをもとにROIが算出できるようになっています。

これらの分析を行う際に必要不可欠な施策データはキャンペーンリクエストフォームで入力された、実施ビジネスカテゴリ、タッチポイント、目標、コスト、ターゲットのカテゴリ、キーメッセージのカテゴリ、測定指標、期間などの項目から取得しています。キャンペーンリクエストフォームの運用については改めて第5章で解説しますが、**これらのデータはROIの算出だけでなく、施策分析にも効果的です。**例えば、「ターゲットをAに絞った際のマーケティングキャンペーン全体のROIは?」という分析や、「特定のチャネルで行われたキャンペーンのKPIで最もパフォーマンスが良かったものは?」といった分析が容易に行えるようになるのです。このキャンペーンの機能とリードまたはコンタクト、つまり人とその人が関連する商談のデータを活用すれば、マーケティング施策が収益に与えた影響を証明できるようになります。

この「キャンペーン」は多くのシステムで標準機能として備わっており、グローバルではマーケティング施策の管理という観点からも当たり前のように活用しています。一方で日本ではこの機能を活用している企業は多くありません。SFA上にはリードまたはコンタクト、商談や受注のレベニュープロセスや収益データが集まっているため、大変容易にデータの紐付けを行うことができます。効果の証明を行ううえで「キャンペーン」の活用は必須になるのです。

測定の高度化とMA

マーケティング活動が高度化・大量化し、施策のKPI管理や、良質なリードの見極めなどが複雑になったことで注目されたのがMAです。**MAは、パーソナライズされたメールを配信する機能として理解されていることが多いですが、本来の機能はマーケティングの収益管理です。**これまで施策のKPI計測や良質なリードの見極めを行うのにIT部門やCRM管理者に頼らざるを得なかったのが、MAの誕生によりマーケター自身で行うことができるようになりました。

代表的なMAツールとしてアドビが提供するAdobe Marketo Engageや、セールスフォースが提供するAccount Engagementなどが挙げられますが、これらのシステムはそもそもSFAと連携してマーケティングの収益管理をすることを前提に作られており、単体で使っているケースでは本来の機能の半分も使えていないと言えるでしょう。

分析の高度化とアトリビューション

数年前からマーケティング活動の高度化に伴い、マーケティング施策の貢献度を評価するアトリビューション分析という手法を取り入れる企業が増えています。

多くの企業では、マーケティングの分析手法としてシングルタッチアトリビューションを行っています。シングルタッチアトリビューションは新規リード獲得時や商談作成時など、1つのタッチポイントに対して100%の評価を与え、そのROIを分析する手法です。

例えば、オンライン広告で獲得したリードが100件存在し、そのリードの獲得単価が1万円だとするならば、マーケティングのコストは100万円です。そのうち10%のリードが受注し、その受注金額の合計が1000万円だった場合、オンライン広告に100万円のコストをかけ、1000万円の売上を創出したと評価することができます。

しかし実際、リードはもう少し複雑な行動を取っています。最初にオンライン広告でフォームに入力しリードとして登録されたとしても、その後に受け取ったメール

■ 様々なアトリビューションモデル

フルパス型マルチタッチアトリビューション

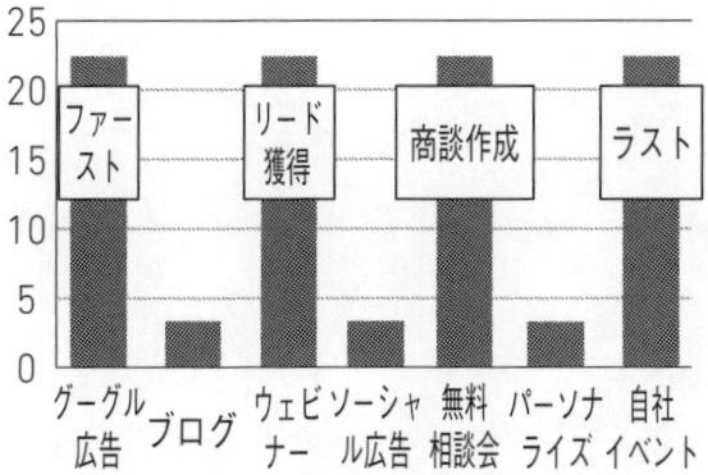

ファースト、ラスト、リード獲得時、商談作成時に貢献度を置くモデル。よくABM施策の効果測定に用いられる

リニア型マルチタッチアトリビューション

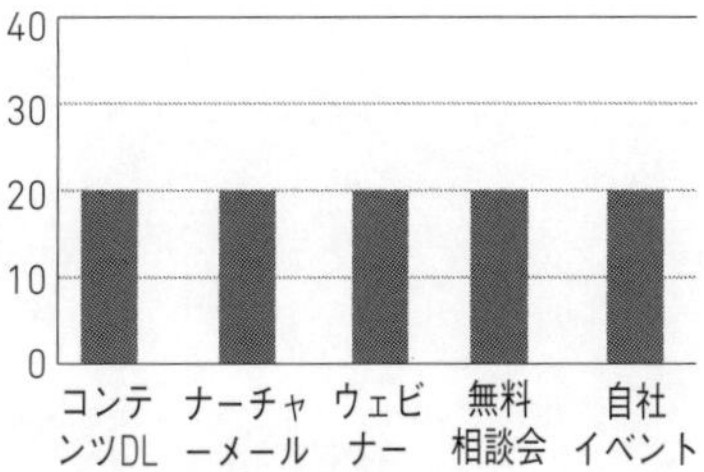

全タッチに平等に割り当てるモデル。シンプルな一方、各施策の貢献度が単純化されすぎてしまうことも

W型マルチタッチアトリビューションモデル

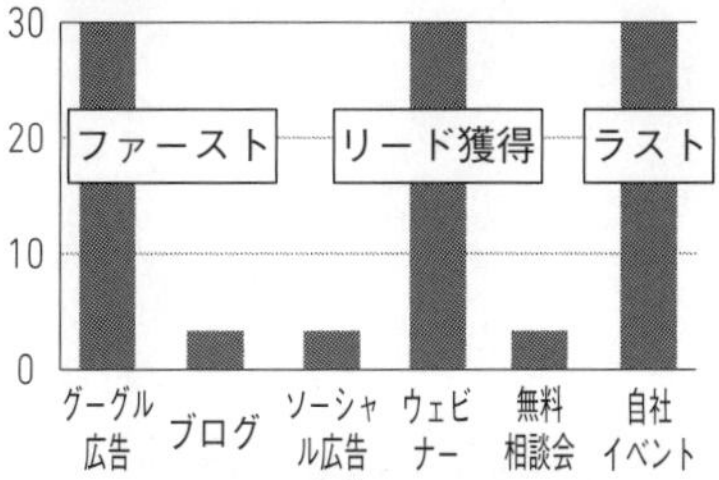

ファースト、ラスト、そしてリード獲得時やエンゲージメント時などに重きを置くモデル

シングル（ラスト）タッチアトリビューションモデル

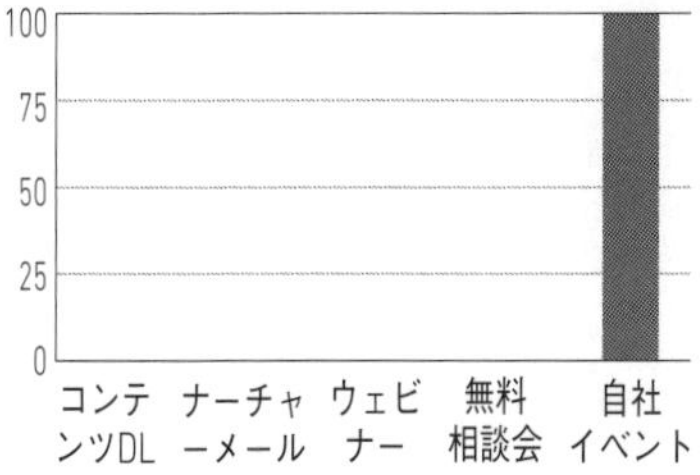

シングル（ファースト）タッチアトリビューションモデル

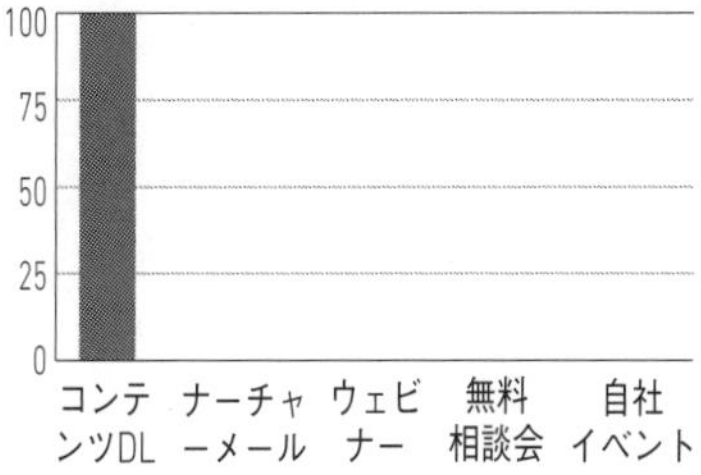

シングルタッチアトリビューションでは単一のタッチポイント（この場合はラストタッチ）が評価され他のチャネルには貢献度が振られない

キャンペーンやウェブコンテンツで興味関心度合いを高め、参加したウェビナーをきっかけに購買を決める、というように複数のマーケティングチャネルやタッチポイントを経由して購買意思決定に至るケースが一般的です。この背景を考慮し、商談や受注に影響を与えた複数のチャネルやタッチポイントをそれぞれ評価し、**貢献度に応じて収益効果を配分することでより的確なＲＯＩを算出するために用いられるのがマルチタッチアトリビューションという分析方法です**。

マルチタッチアトリビューションにも様々なモデルがあり、一番評価を置くタッチポイントをリード作成時にするのか、それとも商談作成の直前にするのかなどによってその分析が異なります。この分析結果をもとに、収益に最も効果を与えているチャネルやタッチポイントを特定し、適切な投資配分を決定しています。

マルチタッチアトリビューションの中でも、フルパス型モデルと呼ばれる分析方法はファーストタッチ時、リード獲得時、商談作成時、そしてラストタッチ時の４つのタッチポイントを重点的に評価するモデルで、グローバルでも採用する企業が増えています。

これらのアトリビューション分析は正しいデータトラッキングやデータマネジメントがされていないと実現できません。ＣＲＭやＭＡの導入はもちろん、様々なマーケティングツールとの連携が必要になります。これらの整備や運用を担当しているのもMOpsです。

MOpsはCRMやSFAへの正しいデータインプット方法やリード、商談、キャンペーンの運用ルール、そしてMAの運用までマーケティング効果を可視化するために必要なデータトラッキングの環境整備を担っています。このような背景を考えると、MAはMOpsのためのツールであるとも言えるでしょう。

05

施策の最適化を進めるためには明確な〝基準〟が重要

レベニュープロセスマネジメントやシングル・マルチタッチアトリビューションの分析を行ううえで重要なポイントが、何をもって各施策の成功を定義するか、という成功の基準決めです。この場合の「成功」とは、その施策が商談や受注に影響を与えたか、を意味しています。成功の基準が曖昧なままマーケティング活動を推進しても、評価が難しく、改善につなげる活動の妨げになります。

例えば、ウェビナーであれば「招待→登録→出席→アンケート回答」といった流れがありますが、どこの時点をもって「成功」とみなすかは、企業によって異なります。ウェビナーに登録した時点で成功と考える企業もあれば、実際に参加しアンケートでポジティブなフィードバックをもらえなければ成功とみなさない企業もあります。

どこでＫＰＩを計測するかは粒度の問題ですが、重要なのはチャネル全体で計測ポ

■ 施策のKPI

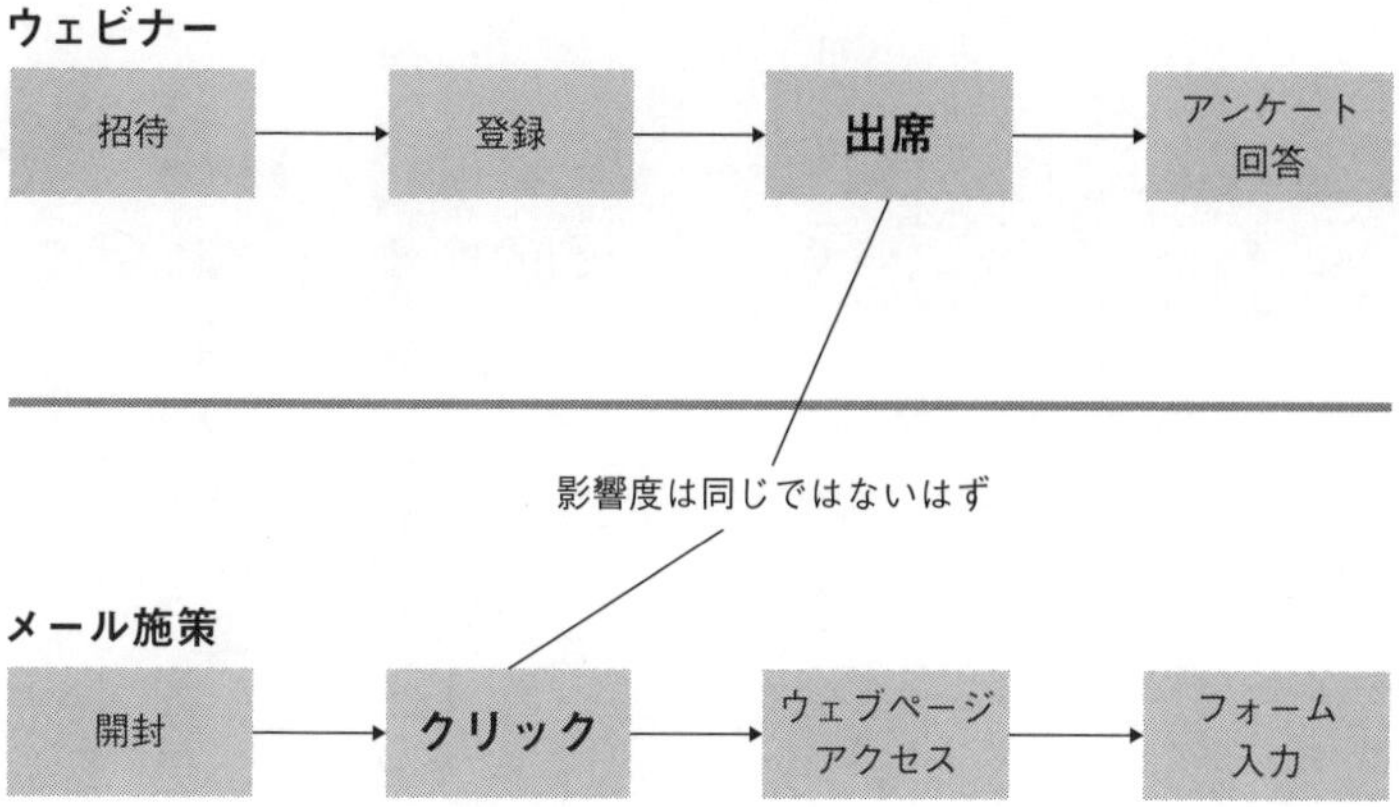

イントを共通化することです。施策ごとにKPIを変えていては効果的な分析が難しくなります。また、様々なマーケティングチャネルがある中で「成功」の基準をある程度揃えることも必要です。

例えば、メールキャンペーンの成功の「クリック」、ウェビナーキャンペーンの成功を「出席」と定義していると仮定しましょう。ウェビナーの出席という行動の方がリードの高い興味関心度合いが読み取れるため、これら2つの行動が商談や受注に与える影響度合いは異なります。しかし、この定義でマルチタッチアトリビューション分析を実施すると同じ貢献度が配分される可能性もあります。このようにチャネルごとのKPIの中で、どの行動まで至った場合施策を成功とみなすかという成功の定義を熟考することが必要です。

新規リード獲得の成功基準

「リード獲得数」を新規リード獲得の成功基準としていると正しい評価ができません。

先ほど、マーケターはブランド認知の向上やリードの獲得だけでなく、良質なリードを営業に引き渡すクオリフィケーションのプロセスが重要視されていることを解説しました。この有望なリードは、ＭＱＬと呼ばれており、営業とマーケティングが商談化見込みの高いリードと合意できる条件を持ったリードを指します。営業の生産効率性を向上するという観点から考えても、マーケティング部門はリードを大量に集めるのではなく、ＭＱＬの獲得に集中する必要があります。

次ページの図を見るとその理由がわかります。リード獲得の単価のことをＣＰＡ（Cost Per Acquisition）やＣＰＬ（Cost Per Lead）と表現しますが、これがいかに安価に見えても、ＭＱＬへのコンバージョン率が低ければ全体のＲＯＩは下がります。ＭＱＬの獲得単価のことをＣＰＭＱＬ（Cost Per MQL）と言いますが、いくらＣＰＡが低くともＣＰＭＱＬの単価が高ければそのマーケティングチャネルは新規獲得効率が悪いと

■ リード単価の考え方

新規リード獲得目標			MQL獲得単価
オーガニック	CPA 10,000	20% →	CPMQL 50,000
オンライン広告	CPA 20,000	50% →	CPMQL 40,000
展示会	CPA 5,000	5% →	CPMQL 100,000
セミナー	CPA 10,000	10% →	CPMQL 100,000
タイアップ記事	CPA 5,000	5% →	CPMQL 100,000

いうことになります。例えば、展示会はＣＰＡが５０００円で一見ＲＯＩの高いチャネルに見えますが、ＭＱＬへのコンバージョン率が５％と低く、ＣＰＭＱＬで見ると10万円と跳ね上がっています。一方で、オンライン広告のＣＰＡは２００００円と割高に見えますが、ＭＱＬへのコンバージョン率は50％、ＣＰＭＱＬは４００００円です。

このように、新規リード獲得ではＭＱＬの基準を満たしたリードを成功としてみなさないと大きく間違った意思決定をしてしまうリスクがあります。

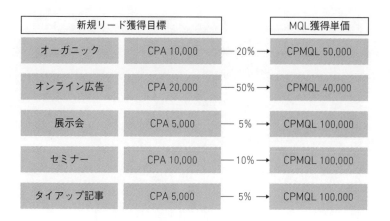

成功基準が受注ではない理由

では、新規リード獲得の成功基準は「受注」ではいけないのかと思った方もいらっしゃるかもしれません。リード獲得から受注までの期間が短いビジネスであれば、受注で評価しても問題ありませんが、**リード獲得から受注までの期間が長いビジネスの場合は、MQLを成功基準とすることをお勧めします。**

受注までに数か月や1年かかるようなビジネスの場合、成功か否か判断できるまでに長い時間がかかってしまい、改善サイクルを回すことができません。マーケティングの改善サイクルは早い方がそれだけ改善のチャンスも増えるため、中間指標としてMQLなどの指標を設定し、測定することが理想的とされているのです。

MQLは営業と合意して初めて成立する

MQLを設定する際に大切なのが、MQLの定義が明確であることと、営業とその定義について合意が形成されていることです。ケースバイケースであるなど定義が不明確で、マーケティングチームだけで決めたＭＱＬは何の役にも立ちません。後工程である営業チームやインサイドセールスとともに製品やサービスのターゲット層と、商談化可能なプロファイルを明確にし、そこに共通の基準を設けることで初めてＭＱＬが成立するのです。

さらに、マーケティングに対してリードの質の基準を設けるだけでなく営業側にも対応ルールを設けます。マーケティングからＭＱＬを受け取った際の対応時間、商談へのコンバージョン率などにも一定の基準を決めて合意形成を図ります。**こういった営業とマーケティング間での決めごとをＳＬＡ（Service Level Agreement）と呼び、明文化して運用します。**ＣＭＯとＣＳＯ間で契約締結することもあるほど、レベニュープロセスの役割と責任を明確にすることは重要です。ＳＬＡに関してはどのようなことを決めなければいけないのか、テンプレートがありますのでぜひご活用ください（要会員登録※）。このマーケティングと営業の合意から生まれたＭＱＬは先ほど述べたスコアリングの基準ともなります。つまり、成功基準が明確でないとデータマネジメントのモデルは構築できないのです。

※マーケティング・インサイドセールス・運営チームのサービスレベルアグリーメント（SLA）テンプレート
https://www.marketingoperations.jp/member-contents/contents

スコアリングの方法

MQLかどうかは、MAに備わる「スコアリング」の機能を使い、先ほど解説したMQL基準に沿って点数をつけて判断していきます。

点数は「属性スコア」と「行動スコア」の2つの基準でつけることが一般的です。

属性スコアでは、ターゲット企業の属性（業界：自動車業界、従業員数：XXXX名以上、年間売上高：XXXXX円以上、所在地：日本または東南アジアなど）と、その企業の属性ごとにバイヤーペルソナ（所属：購買部門、役職：部長クラス以上など）を定め、点数をつけます。まさにこれは第3章で解説したターゲット層そのものです。行動スコアでは、ウェブページへの訪問、フォームへの入力、ウェビナーへの参加といったリードの行動を収集して点数をつけます。

属性と行動の2軸で加点や減点のスコアを決め、それらを自動的に計算するのがスコアリングの機能です。属性スコアは「自社がターゲットにしたリード」、行動スコアは「顧客側の現在の興味度合い」を表し、この2つの観点の掛け合わせによる評価で点数が加算されます。そしてある一定の数値をMQLのしきい値と定め、定義しま

▪ スコアリングによる評価

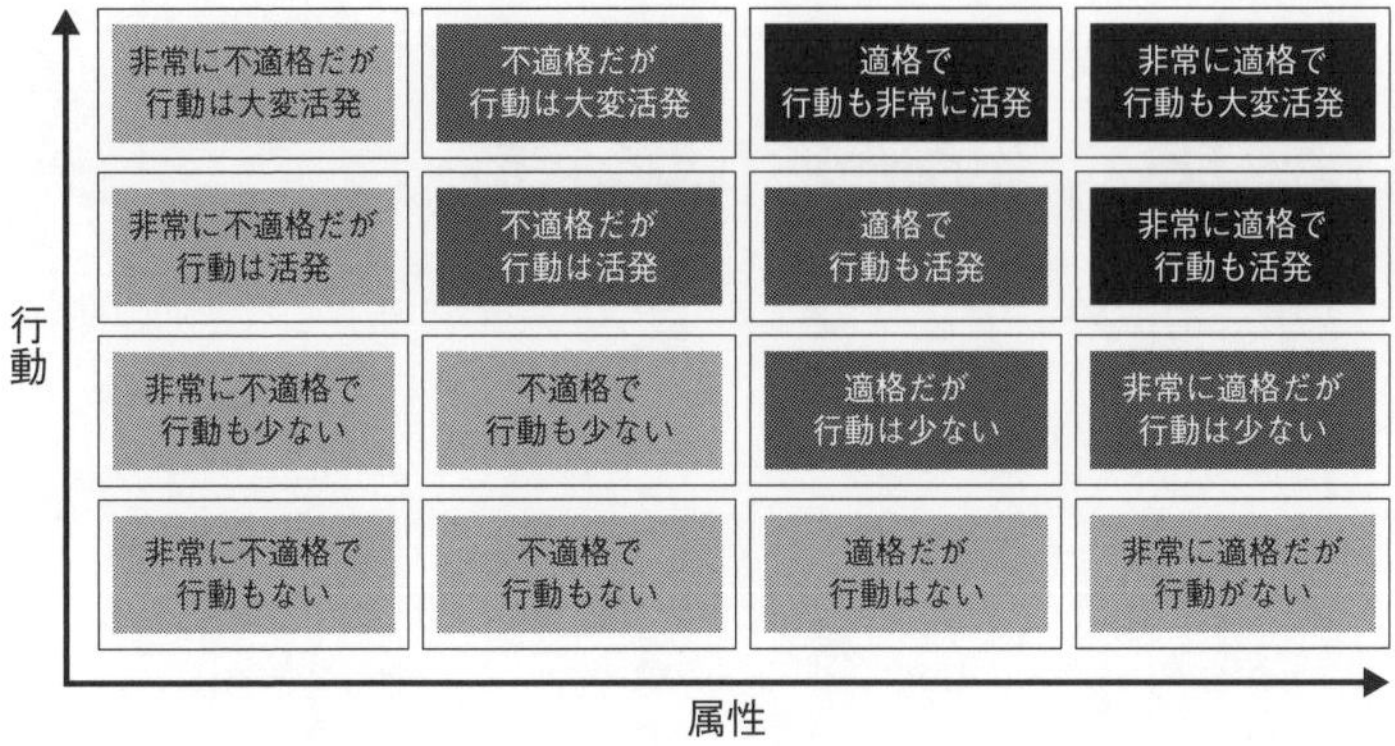

出所：The Ascent「What Makes a Great Lead Scoring Model (+ Examples)」
https://www.fool.com/the-blueprint/lead-scoring-model/

す。

業種業態によってスコアリングの方法は変わりますが、属性データのマッチが重要なB2Bビジネスでは、上図のように一定属性スコアがあれば行動スコアが低くてもMQL化されるようなリードスコアリングモデルを運用している企業も多いです。

MQLのしきい値をクリアしたリードはインサイドセールスや営業に自動的に通知され引き渡されていきます。

例えば、スコアが100点を超えたリードは、インサイドセールスに通知が入り、SFA上に2日以内に対応するようタスクが作成されます。そしてもしこのタスクの期限を超過した場合は、催促の通知が届くように設定されているケースもあります。

インサイドセールスによる対応が完了し次のプロセスへ進む見込みがなければ、MQLは案件化しなかった理由とともにマーケティングに戻されます。リサイクルリードと呼ばれるこれらのリードにフォローアップをすることも大変重要です。案件化しなかった理由ごとに異なるEメールマーケティングキャンペーンにリサイクルリードを自動的に追加し、興味関心を再度高めるように努めている企業も多くあります。

自動化には基準が必要

引き渡しプロセスを自動化するためには明確な基準が必要です。明確な基準がない場合は、人が確認して、それを属人的に引き渡す必要があります。工場の検品基準が属人的だと自動化は難しいのと同じように、MQLの定義は自動化において極めて重要な役割を持っています。**MQLの定義が明確になると収集するべきリードの情報も自然と定まります。**これらの情報を様々なマーケティングチャネルやキャンペーンを経由して収集することがマーケティング活動なのです。

リードナーチャリングとは何か？

ターゲット層が興味を持つようなトピックのホワイトペーパーや事例をウェブサイトに掲載し、新規リードの獲得を目指す、コンテンツマーケティング活動を行っている企業は多くあります。

これらのフォームで収集した見込み顧客のデータはＭＱＬか否かの判断基準となりますが、一度にたくさんの入力項目を表示しては離脱率が上がってしまいます。また、コンテンツの内容によっても収集できるデータは変わります。ブログの購読のように検討段階の浅いコンテンツでは、獲得できるデータは氏名やメールアドレスくらいでしょう。一方で製品スペックシートなどのダウンロードは検討段階がかなり深まっていることが読み取れるため、役職や立場などのデータも獲得できるでしょう。**このように顧客の段階に合わせてフォームからＭＱＬ判定に必要な情報を収集していく仕組みこそが、リードナーチャリングです。**

リードナーチャリングは「顧客の興味関心を高め購買に導く仕組み」と曖昧な言葉で語られることが多いですが、「ＭＱＬを判定するための情報をウェブフォームを通じて収集する仕組み」と言い換えた方がわかりやすいかもしれません。見込み顧客の購買検討段階とカスタマージャーニーを明確にし、それに応じたコンテンツとフォームを整備する必要があるのです。

進化するスコアリング、MOpsの役割

定義されたMQLを的確に特定するためのリードスコアリングモデルを管理・運用するのもMOpsです。MOpsはスコアリングモデルの最適化を通じて、MQLからの商談化率をKPIにして業務に取り組みます。

スコアリングモデルは多様化しており、最近では、次ページの図のように機械学習を用いてリードの質を予測的に判断するプレディクティブスコアリングや、サードパーティ・インテントデータを活用し、リードの興味関心データに基づいたインテンショナルスコアリングなど、属性と行動だけではない多様なデータを複合したより複雑なスコアリングモデルが用いられています。

スコアリングはMQLの定義を反映し、営業の生産性を高めるために行われる仕組みですが、**MQLからの受注率の目標は企業によってバラバラです。**例えば営業担当

■ プレディクティブスコアリング

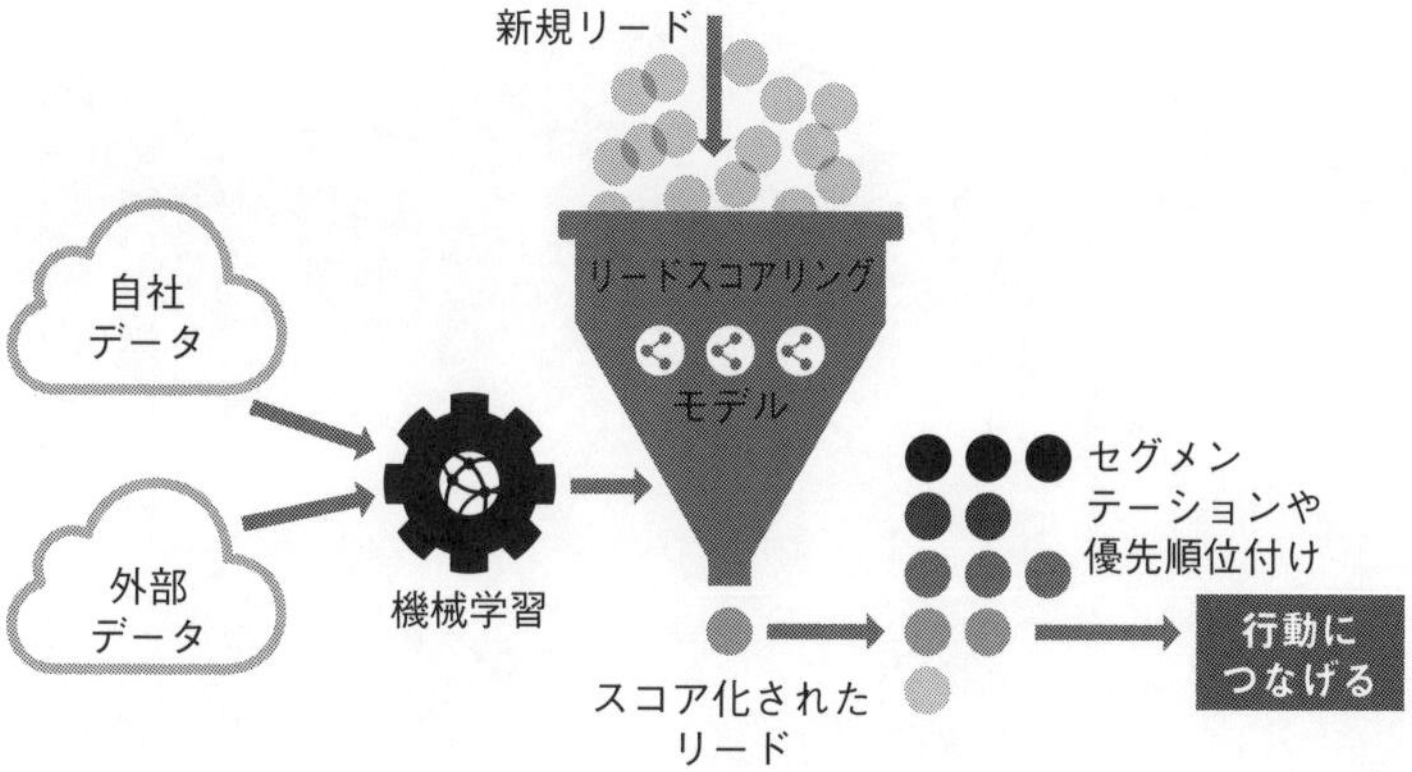

出所：Altamira「Predictive Lead Scoring Software Development with AI/ML」
https://www.altamira.ai/blog/predictive-lead-scoring/

がたくさんいる組織では、MQLの基準は比較的やさしく、多くのリードがインサイドセールスや営業に引き渡されるように設計されていますし、少数精鋭の営業組織の場合はMQLの基準を厳しく設定し、大変高いMQLからの受注率を保っている会社もあります。

筆者がかつて関わったプロジェクトでは商談からの受注率が90%を超えている企業もありました。その企業は、非常に専門的な知識が必要な商材を扱っており、営業担当を増やすことが容易ではないので、MQLの基準を高め、営業1人当たりの生産性を徹底的に高めるという方針を持っていました。

このようにレベニュープロセス全体を把

握し、最適なバランスで営業にリードを引き渡し全体のリソースを最適化することで、より高い生産性を持って収益を上げていく、この一連のプロセスの最適化にスコアリングは大きく重要な役割を担っています。

06

データクレンジングは分析だけでなく、現実を正しく評価する

既存リードの中で施策やコミュニケーションへの反応がなく行動スコアや興味レベルの変化も一定期間見られないリードは、積極的にMQLの対象外にしていくこと（データクレンジング）をお勧めします。

こういったリードをＭＱＬの見込み数に入れていると、目標達成に到達する可能性を下げてしまいます。マーケティング活動をしないわけではなく、目標達成のシミュレーションには入れないという意味です。

このように過去のリードなどに対し、対象外の判定を行うデータマネジメントもMOpsが検討する重要な役割です。特に、以下のようなリードについては自動的にマーケティングの対象から排除されるような仕組みを構築し、データの信憑性を担保する必要があります。

- **メールを配信したが3回以上クリックも開封もされない**
- **メールを配信したが複数回バウンスしている（未達）**
- **採用ページを複数回閲覧している**

リードの重複を省く、必要なデータを加工する、追加するといったことはもちろん大切ですが、このように現実に見合ったデータに更新することも重要です。

07

成果を可視化するレベニュープロセスマネジメントモデルの策定

それでは、レベニュープロセスマネジメントモデルの策定のポイントをおさらいしていきます。まずはリード、商談、受注、これら3つのプロセスを最低限可視化し、分析できるようにします。これらを測定するためには、ＳＦＡやＭＡの導入が必要です。もちろんこれらのテクノロジーを活用せずに、自社でシステムを構築することも可能ですが、レベニュープロセスとマルチタッチでの施策との紐付け、ＫＰＩ測定を行うためのシステムを構築することは大変な開発工数になりますし、変化の激しいマーケティングの世界では高い頻度での改修が求められます。そのため、グローバルでも実績の高く代表的なSaaSを導入することが現実的な選択肢と言えます。

■ G2 Grid® for Marketing Automation

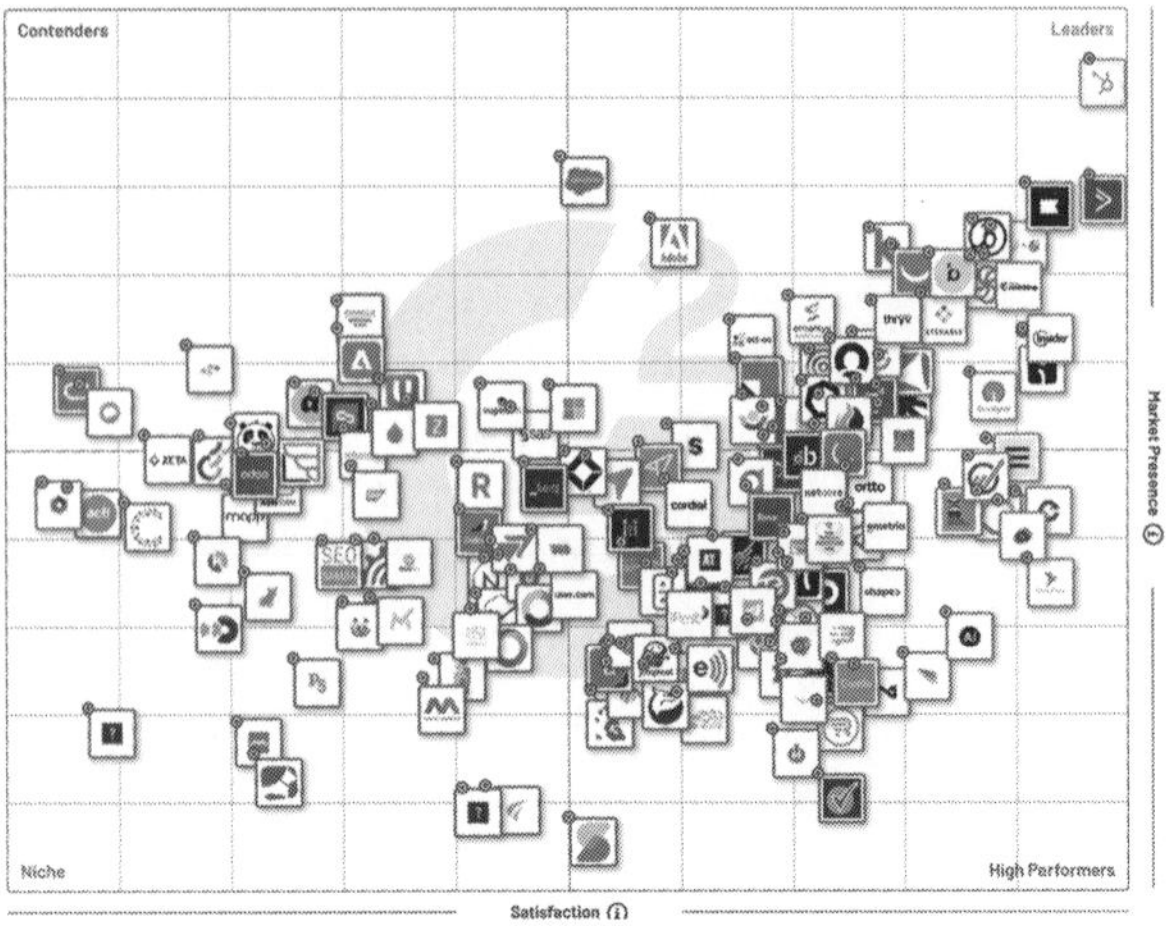

出所：G2 Grid® for Marketing Automation
https://www.g2.com/categories/marketing-automation#grid

代表的なMAツールだけでも356種類

米国の製品比較サイトG2に挙げられているMAのツールは上図のように356種類にもおよびます（2022年12月現在）。日本語対応していないものもありますが、この中から最適なソリューションを選定、導入することもMOpsにとっては大切な仕事となります。

基準の整備から始めるデータマネジメントやワークフロー整備

ツールの選定後は、レベニュープロセスや施策などを可視化し分析するためのデータマネジメントやワークフローを整備していきます。

- レベニュープロセスを可視化し分析するためのデータ
- MQLを判定するスコアリングを稼働させるデータマネジメント、MQLの発生をインサイドセールスや営業に通達し、タスク化するワークフロー
- 明確化された施策のKPIや成功基準の追跡・分析　など

どのデータを収集するべきか、フォームで取得するのか、外部データの取り込みが必要か、それともサードパーティのデータ連携が必要か、といったビジネス要件からテクノロジー要件に落とし込みを図ります。企業ごとに特有の事情があるので、これらのデータ連携については外部の専門家を活用することも有効です。SFAやMAのベンダー、そのパートナーに実現方法についてアドバイスをもらう方法も効果的です。

データダッシュボード

これらのテクノロジーやデータの整備ができるとデータを可視化する「ダッシュ

ボード」の構築が可能となり、マーケティングの収益効果を一目で把握できるようになります。例えば次ページの図ではMAツールのAdobe Marketo Engageを例に説明しています。「パフォーマンスインサイト」というダッシュボードで表示されているデータは、各マーケティングキャンペーンがどれほど商談作成や受注に貢献しているかを表示しています。こういったマーケティングチャネルや施策ごとの収益効果をダッシュボードとして確認できれば、どの施策に投資すべきか、もしくは予算削減すべきかなどをデータドリブンに意思決定できます。

本章で紹介したレベニュープロセスマネジメントに関して詳しく知りたい方は、筆者の前著『「数字指向」のマーケティング』（翔泳社）にて様々なケースや分析手法を含めて解説しているので、ぜひ参考にしてください。

■ アドビのAdobe Marketo Engageのパフォーマンスインサイト

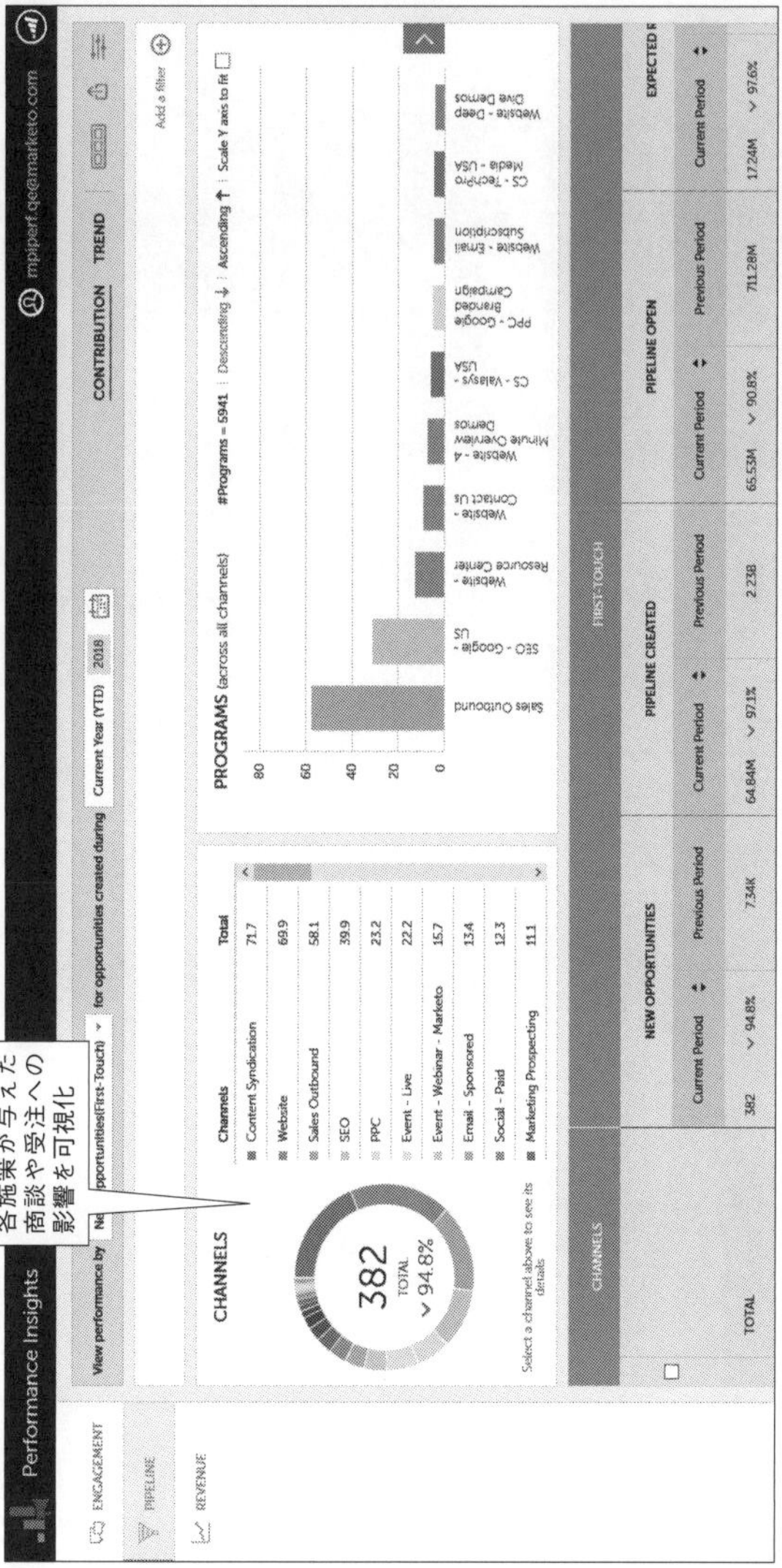

出所；Digital Pi「Marketo Revenue Attribution Explained」
https://digitalpi.com/blog/marketo-revenue-attribution-explained/

コラム

マルケトでMAに教えてもらったこと

本書の著者である丸井、廣崎はもともとマルケト（現アドビ）の出身です。このマルケトとの出会いにより、その後のマーケティング観全てが変わったと思っています。初めてMAに触れた時には、非常に表層的な部分（メールが配信できること、スコアリングができること、簡単にワークフローが構築できること）しか理解できませんでしたが、本社のメンバーや学習リソース、そして現場での経験を通じて、それぞれの細かな1つひとつの機能がMOpsを構築するうえで重要な機能なのだと理解していきました。

■MOpsの実現にMAの理解は欠かせない

本書に書かれているMOpsプロセスの構築は、マルケトに限らず多くの企業でMAが実現の要になっています。MAはマーケターが活用するものと認識されており、それ自体は間違いではないのですが、本当の実務レベルで設計をしたり、プログラムを開発したりしているのは、MOpsチームです。

例えば、メールを配信したいとマーケターが思えば、そのメール配信を行うプログラムのもともとの設計やテンプレートをMOpsが構築し、社内Wikiなどを通じてマーケターに周知しているのです。そして複雑なプログラムや新しいプログラムの開発ニーズがあれば、チケットが発行されてMOpsに依頼が届きます。つまり、MAの担い手はMOpsなのです。

そして、このMAの活用を進めるためには、MOpsの標準的な知識やフレームワークを理解する必要があります。なぜなら、多くの機能はマーケターだけでなく、MOpsのニーズによって構築されているからです。これは見方を変えると、MAを深く理解することで、MOpsの知識を習得する機会にもなるということです。

実際に、マルケトというシステムの機能を理解していたので、グローバルで行われるMOpsの活動がすんなり理解できたと思っていますし、「最先端のツールからベストプラクティスを学びながら実践する」という最も効率的なスキル向上の機会になるのではないかと思っています。**ツールありきではいけない部分はありますが、ツールから学び、業務をアップデートしていくという姿勢も重要ではないでしょうか。**

第5章

業務を最適化する生産性ダッシュボードの設計・運用

01

マーケティングの施策計画は1年先まで決まっているか？

マーケティングの目標達成に向けたカレンダー

MOpsを整えることは第4章で紹介したレベニュープロセスマネジメントはもちろん、マーケティングチームの生産性を向上させるという効果をもたらします。

生産性とは、インプット（投入したリソース）に対するアウトプット（成果物）の比率です。マーケティングの責任範囲が広がる今日、目標を達成するのに必要な施策と量を整理し、マーケティング業務の生産性を上げることが必要不可欠になっているのです。

**マーケティングの生産性を上げる最初のステップとして必要なのが、活動目標の達成に向けて年間の施策を計画するマーケティングカレンダーの作成です。第2章のコラムでも紹介した通り、MOpsが体系化され、確立したプロセスのある欧米のマーケティング現場では、半年~1年のマーケティング施策がカレンダーに落とし込まれています。

さて、皆さんは現在、自社のマーケティング活動を統括するマーケティングカレンダーはお持ちですか？どれくらいの粒度・期間の予定を入れられているでしょうか？

レベニューから逆算したマーケティング計画

マーケティング計画は、レベニュー目標からマーケティング部門が達成するべき指標を確認し、そのために必要な予算を算出・確保してから各施策のスケジュールを決める、というステップで設計することが理想的です。当たり前のように聞こえますが、マーケティングが収益に与える影響を把握できていなかったり、目標達成に必要な予算を確保できなかったりと、理想的なステップを踏めている企業は多くないのが現実です。

経営層にマーケティングの効果を理解してもらえるようなパフォーマンスをするに

は、目標達成に必要なマーケティング活動量を明らかにして必要な予算を取りに行くという姿勢が必要であるにもかかわらず、実際には決まった予算の中でどうにかやりくりしていくという受け身の体制が多いのではないでしょうか。この状態が続くと、マーケティング目標と実際の施策や活動量が連動せず、非現実的な目標設定をしてしまうケースが散見されます。

マーケティングカレンダーの作成手順

それでは、どのようにマーケティングカレンダーを設定すれば良いのでしょうか？マーケティングカレンダーの内容は実際の進捗状況などに応じて適宜見直しをしていく必要はあるものの、**大きな方向性として1年単位で各施策の活動量を定めていくことが必要です**。それでは必要なステップを紹介しましょう。

❶過去のデータからレベニュー目標達成に必要なマーケティング指標を確認する

過去のマーケティングパフォーマンスデータを参考にしつつレベニュー目標値から逆算する形で必要なパイプライン数、ＳＱＬ数、そしてＭＱＬ数などを算出し、目指すべきマーケティング指標を導き出します。

❷目標MQL数を獲得するために使用するマーケティングチャネルのそれぞれの目標値を決める

目標MQL数がわかったら、過去データをもとに展開するマーケティングチャネルごとの目標値を設定します。

ここで大切なのは第4章05節で解説した通り、チャネルごとの目標は新規獲得リード数やCPAではなく、新規獲得MQL数とCPMQL（MQL獲得単価）を重視するということです。獲得リード数やCPAという入り口の指標に惑わされず、実際にマーケティング目標に貢献しているチャネルを特定することが重要です。

❸チャネルごとの目標値を達成するための施策を書き出す

チャネルごとの目標値が決まったら最後に施策レベルで展開してカレンダーに落とし込みます。

この際はキーメッセージと施策を時系列で連動させること、そして自社のバリューと認識を合わせて方向性を決めることを念頭に計画することが重要です。他チャネル

▪ レベニューから逆算したマーケティング指標と施策の計画

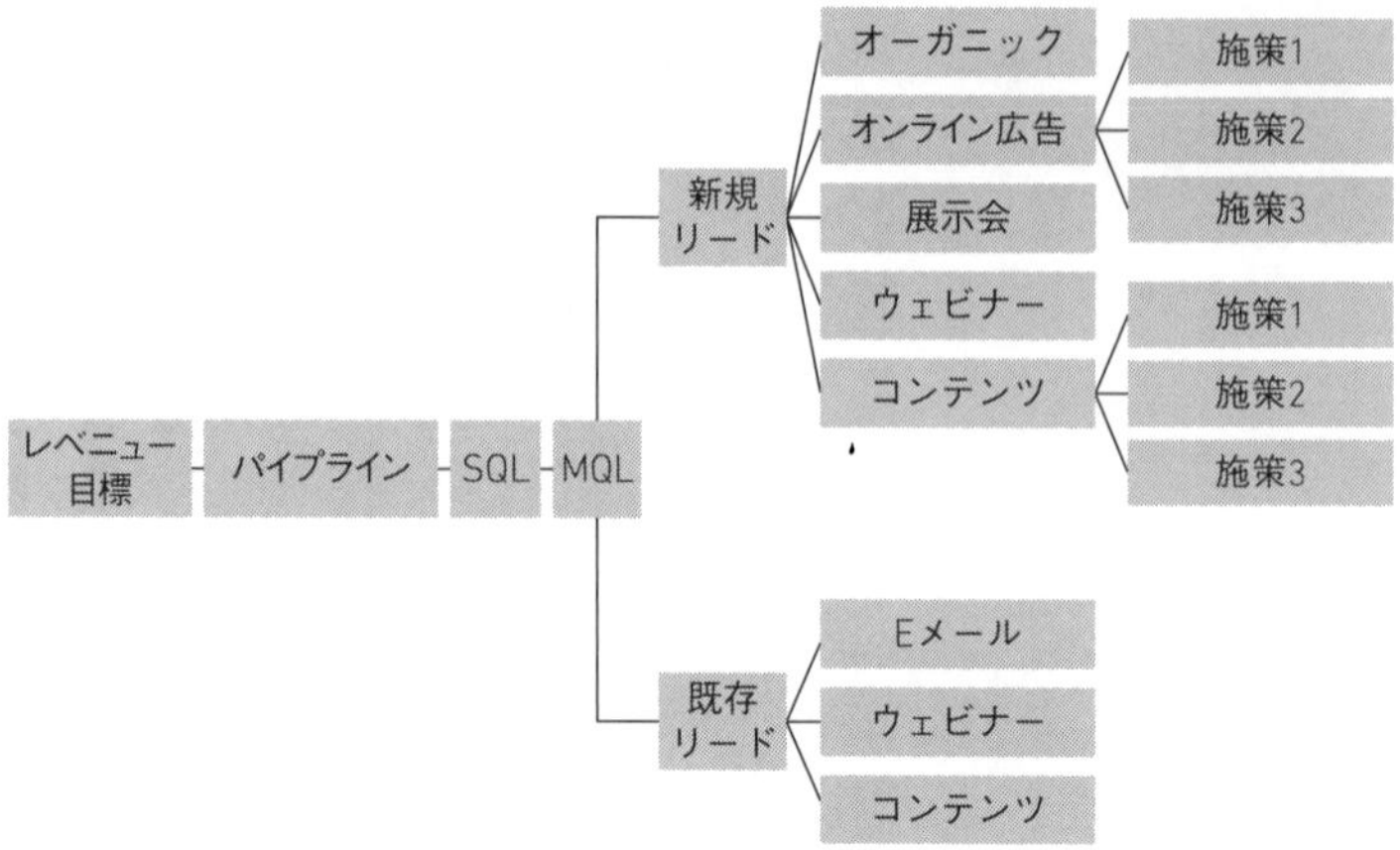

で展開している施策との親和性なども考慮しながら設計することで、チャネルをまたいだマーケティング施策においても一貫性のあるコミュニケーションを保ち、自社のバリューを顧客に浸透させて高い効果を生み出します。

新規リードと既存リードは分けて考える

❷の目標達成に向けたＭＱＬの算出においては、今期新規で獲得するリードと過去に獲得したリードを分けて管理する必要があります。新規リードと既存リードではＭＱＬへのコンバージョン率が異なる可能性があるからです。

既存リードは過去に獲得した古いリードも多く含まれますから、MQLへのコンバージョン率は全体的に低い傾向があります。新規リードと既存リードのMQLへのコンバージョン率を同じように計算すると、必要な新規リードの獲得数を大きく見誤ることがあります。

まずは既存リードからリードナーチャリングを通じて何件ほどMQLへランクアップさせることができるのかを把握し、そのうえで今期新規で獲得する必要のあるMQL数をシミュレーションされることをお勧めします。

チャネルの優先順位

同時にチャネルの優先順位も考慮する必要があります。**事業フェーズや規模に応じてチャネルの拡張性を考慮した施策設計が必要です。**拡張性の高いチャネルは投資を拡大したフェーズでも枯渇させることなく、トラフィックをもたらす重要なチャネルとなります。

続いて検討すべきことは、ROIまでの時間と制御性です。

例えば、オーガニック（検索エンジンからのアクセス数）の流入を増やすコンテンツマーケティングは作成コストやリソースは一定量かかるものの、そこからの流入は長期間継続的に行われるストック型の施策と言えます。拡張性が最も高いとも言えるオーガニックですが、いくらSEO対策をしてオーガニックトラフィックを増やそうと思っても、実現には長い時間を要します。また、自社でパフォーマンスを完全にコントロールできないチャネルでもあり、予測を立てるのが難しくなってしまいます。マーケティング計画の大半がこのような予測の難しいチャネルに依存していると、目標達成も怪しくなってしまうのです。

一方で制御可能なチャネルで代表的なものは様々な媒体で広告を使うペイドマーケティングですが、これらは実施するたびにコストのかかるフロー型の施策です。どんなに高いパフォーマンスを叩き出しても、予算を継続的に投下しない限り、同じ成果は見込めません。もちろん、どちらも有効なチャネルであることは間違いありませんが、長い目で見るとコンテンツマーケティングの方が高いROIで集客に貢献すると言えます。

新たなマーケットへ挑戦する場合、序盤はフロー型、徐々にストック型の施策へと移行することを意識しておく必要があります。最初からストック施策を中心に組み立ててしまうと、効果を生むまでに時間がかかり本来の効果も不透明になりがちだから

■ チャネルのROIと活動内容の意思決定基準

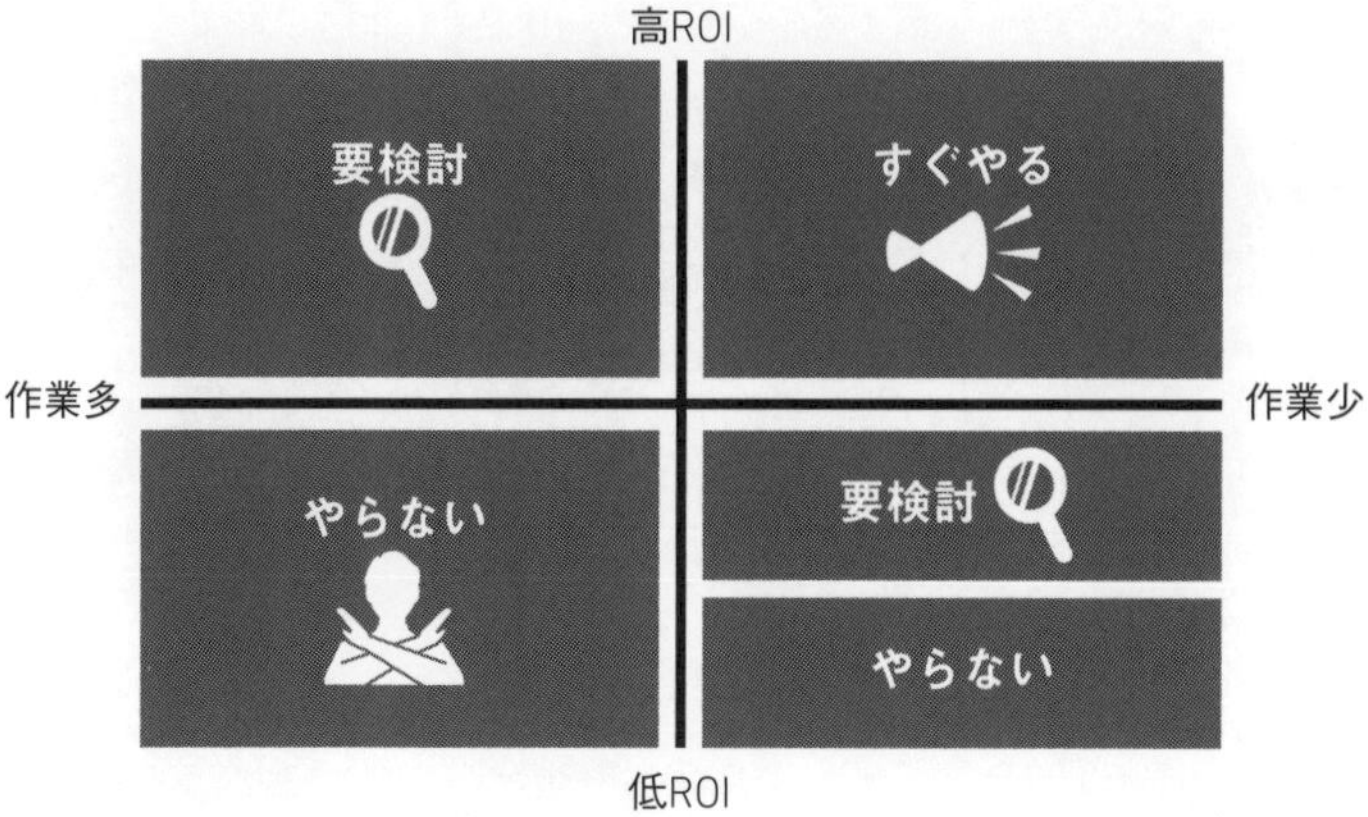

です。これらを考慮したうえで、集客のポートフォリオを設計していきます。

マーケティングカレンダーの管理

このようにして作成したマーケティングカレンダーは205ページの図のようになります。

マーケティングカレンダーはプロジェクト管理ツールや社内Wikiで管理したりとその方法は様々ですが、マーケティングチームを含め全社でいつでも閲覧できる状態に保つと良いでしょう。

こうすることでマーケティングチームの活動予定やその月にコミュニケーションしているメッセージなどが把握しやすくなり

ます。

こちらのマーケティングカレンダーはスプレッドシート形式にはなりますが、以下のリンクより無料ダウンロードできますのでぜひご活用ください（会員登録必要※）。

※マーケティングカレンダーテンプレート
https://www.marketingoperations.jp/member-contents/contents

■ マーケティングカレンダーの例

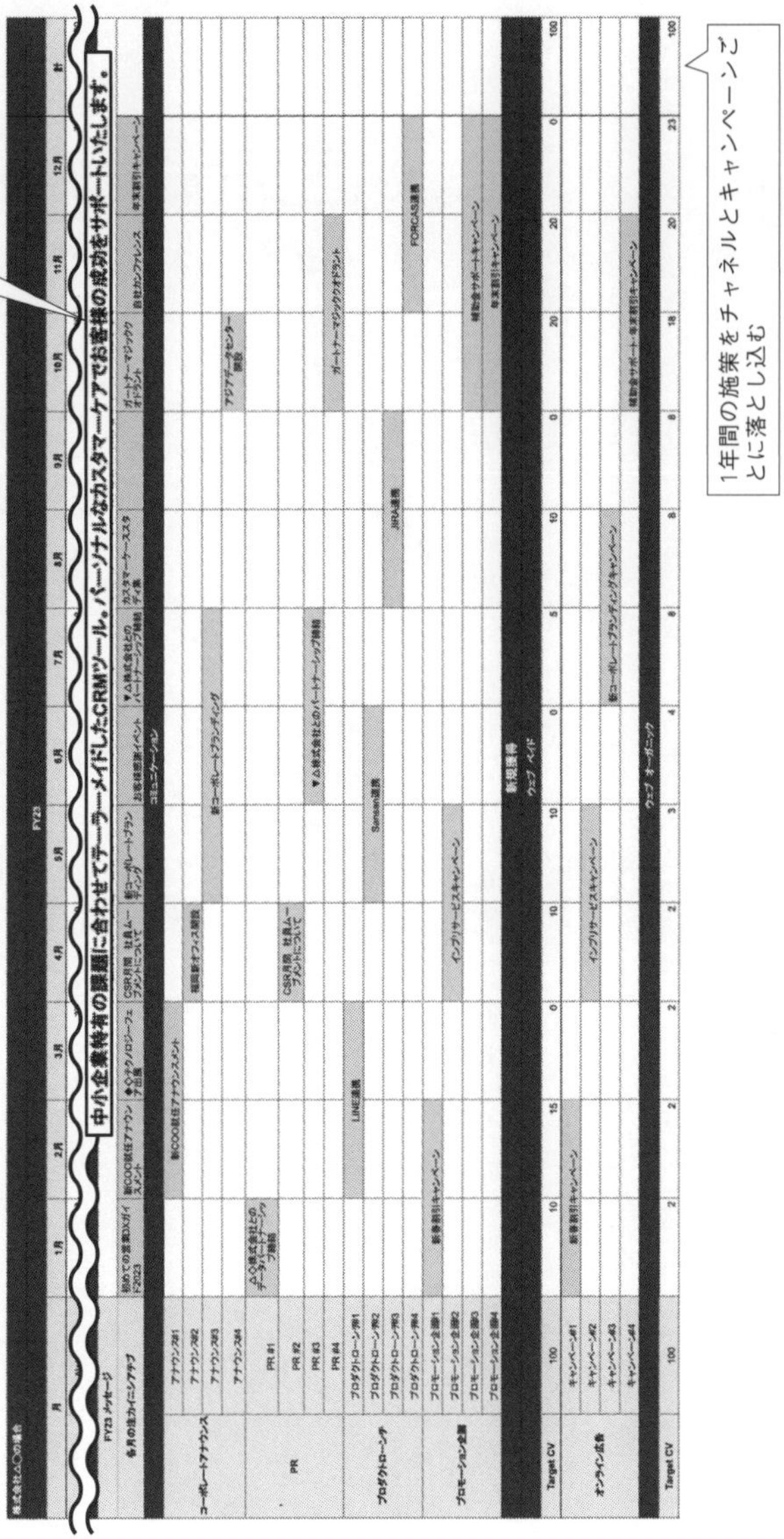

02

アイデアよりも活動量を重視する

優秀なマーケターでも勝率は3割

このように目標値から逆算して必要なマーケティング施策まで落とし込むと、多少うまくいかない施策があったとしても当初の目標値から大幅にずれる可能性が低くなります。

「バズる」という言葉で表現されるように、非常に高いパフォーマンスを発揮するマーケティング施策もありますが、このような施策を百発百中で当てられるマーケターはこの世の中に存在しません。**どんな優秀なマーケターでも施策の勝率は3割程度です。**いくつかの施策がうまくいかなかったからといってマーケティングの予算がカットされたり、マーケティング人材に投資をしないなど、腰を据えてマーケティングに取り組めない場合はマーケティングの効果を得ることは難しくなります。クリエイティブなアイデア施策で一発逆転しようと考える方が多いですが、9回裏2アウトからの満塁ホームラン大逆転を狙うより、コツコツ1回の裏から得点を積み重ねるという、一定の効果を出し続けながら活動量を確保し改善を繰り返していくやり方の方が目標の達成確率がはるかに向上します。

計画されている活動量で目標をクリアできていない場合は達成確率は大変低くなります。例えばオンライン広告の施策をカレンダーに落とし込むとするならば、1年という期間で考えるのではなく、1か月単位で順次施策をローンチするという計画をした方が12回打席に立てることになりますし、1つのキャンペーンに課されるプレッシャーも低くなります。オンライン広告経由で新規リード獲得をする際も、1回の施策で3600リード獲得しようとするのではなく、年間12回の施策を計画し、それぞれから100~300リード獲得する、と考えるのです。

最初の施策で得た学びを振り返り改善し続けることで下半期はパフォーマンスを向上できるかもしれませんし、このサイクルを回すことによってノウハウやベストプラクティスもたまりやすくなります。

03

キャンペーンリクエストのテンプレートの作成

キャンペーンリクエストフォームで構築される施策データベース

次に、マーケティング施策を管理するためのキャンペーンマネジメントプロセスの構築に移ります。施策の規模は関係なく、マーケティング活動を実行する際にはチケット管理上のフォームに施策の実施内容を入力して初めてプロジェクトが動き出します。キャンペーンリクエストフォームについて詳しく見ていきましょう。一般的にキャンペーンリクエストフォームには以下の項目が必須項目として用意されています。自社のニーズに合わせてこの項目は変更できますが、予算など施策の効果を算出するための項目は外せません。

- ターゲットオーディエンス
- 企業属性名
- キーメッセージ
- 目標
- 予算
- 結果／実績
- 提案商材
- タッチポイント、使用するチャネル
- レベニュープロセスなど

これらの項目は施策の立ち上げに必要なのはもちろん、施策の効果分析や分析軸に活用されます。マーケティング戦略は複数のマーケティング施策の集合体です。各施策の予算や進捗をデータでトラッキングするため、次ページの図のようにキャンペーンリクエストフォームで収集したデータと結果データを紐付けてマーケティング効果を明らかにし、各項目を軸としたフィルターで効果検証を速やかに行っていきます。

■ キャンペーンリクエストフォームのデータによる施策分析の切り口

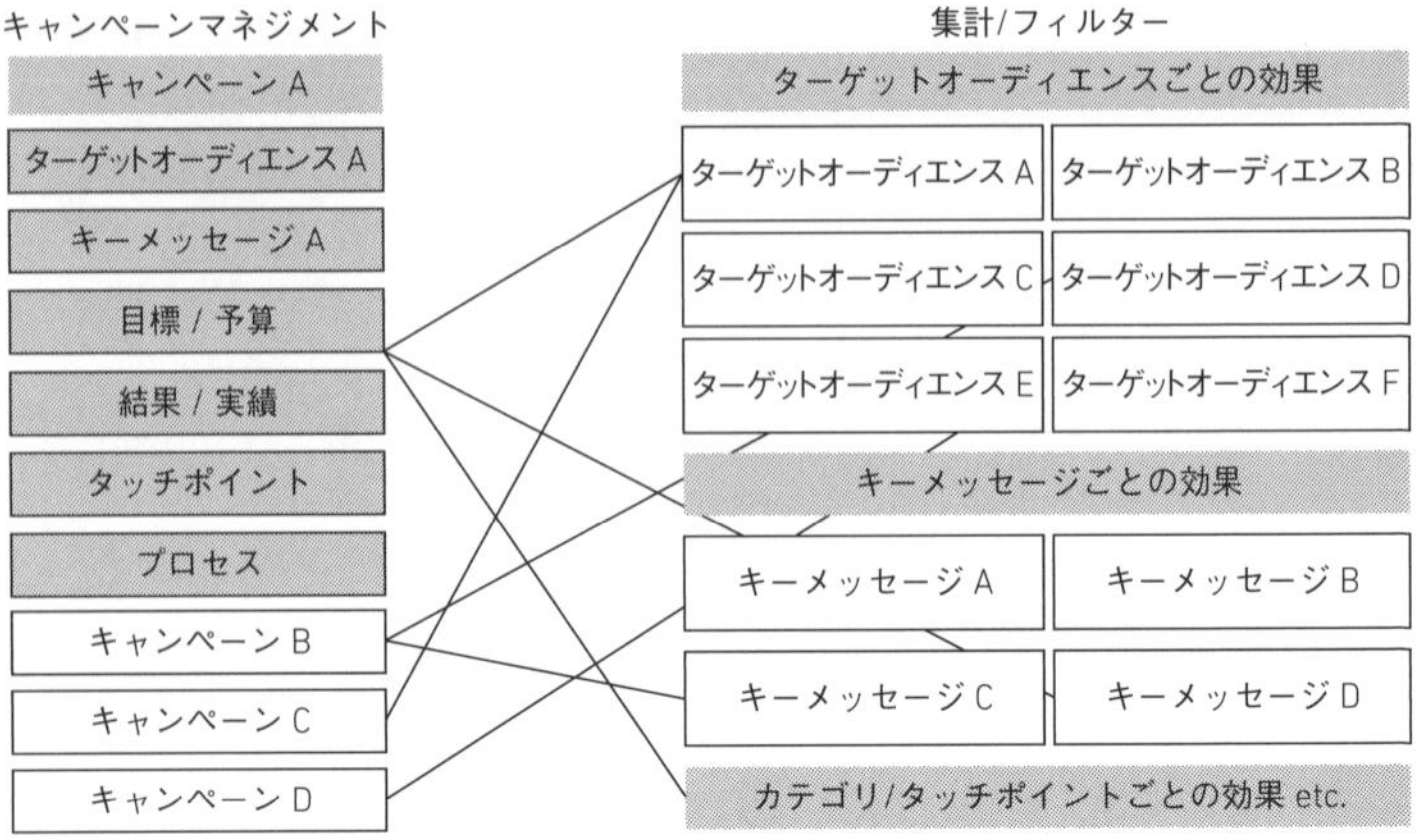

全ての施策の入り口をキャンペーンリクエストフォームにまとめることで、自動的に施策データベースを構築しターゲットオーディエンスやチャネル別など、様々な切り口でベストプラクティスを導き出すことができるのです。

この方法の利点は、ノウハウやベストプラクティスが担当者それぞれの頭の中やバラバラの文書などに蓄積されるのではなく、データベースという形で組織に吸収される仕組みが作れることにあります。

キャンペーンリクエストフォームの構築は一見シンプルに見えますが実は複雑です。フォームに入力してもらう内容を決めることはデータベースの要件定義をするのと同じことであり、この項目決めや入力形式の決定がデータから適切なインサイトを導き出せるか否かを大きく左右します。**自由入力してもらう項目は最小限に保ち、できる限り選択式にするなど、データの入り口でフォーマットを揃え手間を省くなど工夫すると良いでしょう。**

一例にはなりますが、本書の読者の皆様に使っていただけるキャンペーンリクエストフォームのサンプルテンプレートを用意しました。他に追加すべきフォーム項目などはそれぞれ議論する必要がありますが、ぜひこれをスタート地点として使用してみてください（要無料会員登録※）。

施策のリクエストフローは5ステップ

では、マーケティング施策のリクエストが提出された後はどのような手順で実際の施策ローンチまで進むのでしょうか？ 次に、**施策のリクエストフローをステップごとに紹介します**。

- **計画**：各マーケティング担当がフォームに必要事項を記入し提出します。リクエストされた施策の承認がプロジェクトマネジメントツール上でＣＭＯやマーケティン

※マーケティングキャンペーンリクエストフォームテンプレート
https://www.marketingoperations.jp/member-contents/contents

グディレクターなどの責任者にアサインされます。

- **アサイン**：責任者が内容を確認し承認すると、この施策を実行するのに必要なタスクがプロジェクトマネジメントツールに登録され、MOpsの担当者がプロジェクトマネージャーとしてアサインされます。MOpsの担当者は、まず多くのマーケティング施策でハブとなるMAとSFAのプログラム（施策）を作成し、デザインやリーガルなど各タスクを担当部署やチームにアサインします。ここからプロジェクトを円滑に期限内に遂行する責任はMOpsに課されるため、各タスクが順調に進んでいるかプロジェクトマネジメントを進めます。
- **設定**：アサインされた担当者は期限内に各タスクの完了を目指します。全てのタスクが完了したら責任者から承認を取り、ローンチ作業に入ります。
- **ローンチ**：ローンチ後はSFA上の施策を有効化し、進行中のステータスへ変更します。またGoogle Analyticsなどの各種データ計測も開始します。

■ 施策のリクエストフロー

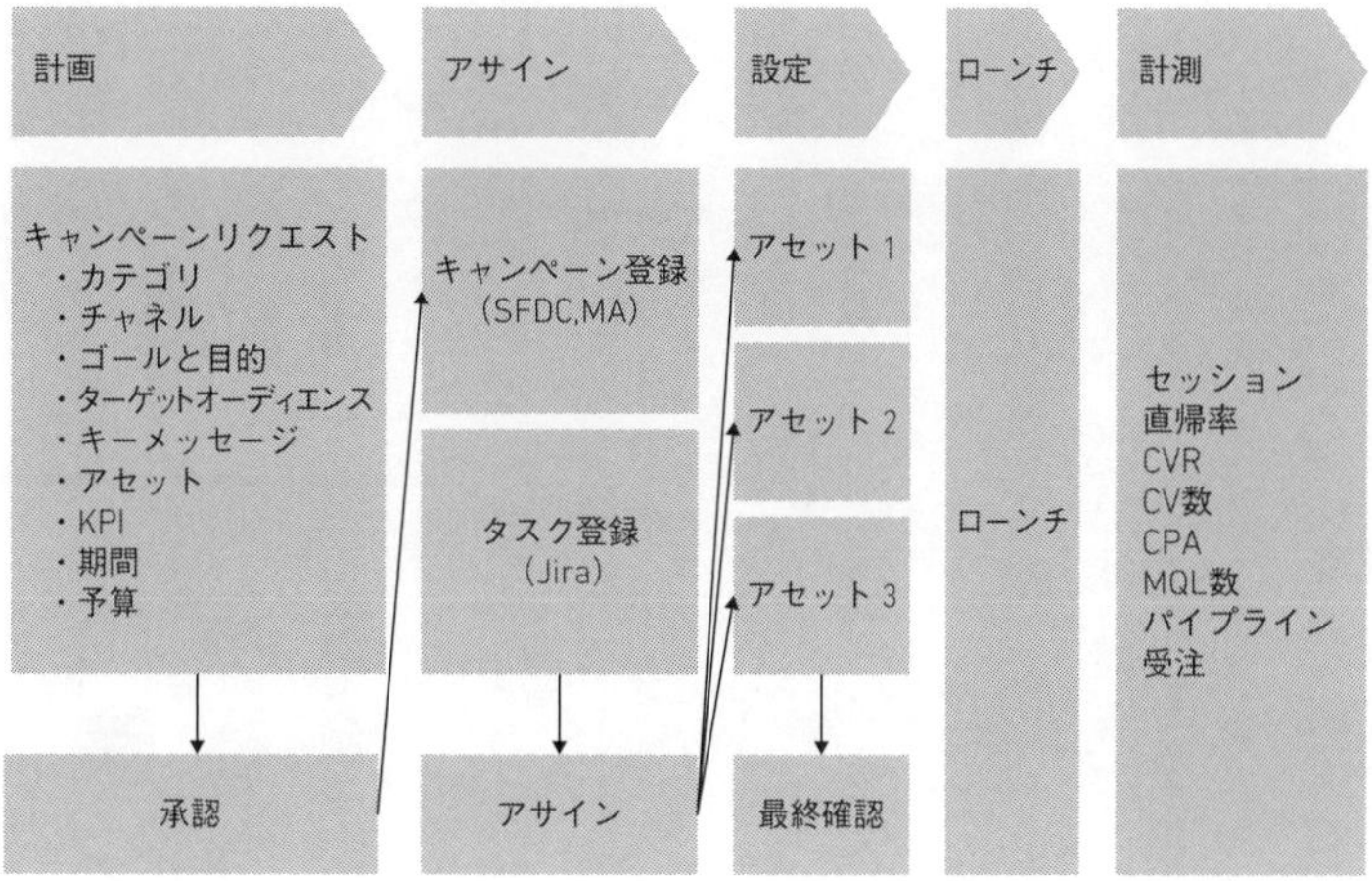

●**計測**：施策の種類によってリードタイムは変わりますが、一定期間経った後に施策の効果分析に移ります。MOpsチームが全て担当する場合もあれば、MOpsとフィールドマーケティングの担当者が協力して行う場合もあります。B2Bのように商談期間が長いプロダクトではマーケティング施策の効果分析を数か月ごとにトラッキングする必要があるため、定例のミーティングでアップデートするなどの対応が必要です。

マーケティング施策の計画や実行には多くの変更事項が付きものであり、担当者も複数いる場合管理が煩雑になる傾向にあります。プロジェクトマネジメントツールで管理するとログを残して作業ができるため、振り返りをする際も便利です。

04

施策データの入り口である承認プロセスをきちんと活用できているか？

データの形を揃える

どのようなデータも、有用なインサイトを導き出すためにはその形を揃えたり、適切に管理するデータマネジメントが必要です。施策データにも同じことが当てはまります。キャンペーンリクエストフォームに入力され、プロジェクトマネジメントツール上にデータベース化されるデータからインサイトを導くにはデータを綺麗に保つ必要があるのです。リクエストフォームが提出された後の承認プロセスは、もちろん施策の実施内容を確認する意味もありますが、同時に入り口でデータの形がきちんと揃っているかを確認する目的もあります。

組織にたまったベストプラクティスを当てはめる

承認プロセスにはもう1つ大事な目的があります。それは**フィールドマーケティングが企画した施策の内容をMOpsが確認し、選択したチャネルや予算、戦術などが最適かを過去の施策データをもとに分析し、必要であればアドバイスを与える**ことです。

キャンペーンリクエストフォームを基点に施策のデータベースが構築できていれば、例えば金融業界に属するリードを対象としたナーチャリングプログラムを立ち上げたいとリクエストがきた際には、過去に金融業界をターゲットにした施策があったかデータを確認し、組織にたまったノウハウをもとに「このタイプのコンテンツをオファーに使用したメール施策が最もエンゲージメントが高かった」、「この時間帯に送信したメールのCTRが高かった」などのインサイトを担当者に渡すことができます。

このステップがあることでMOpsが全ての施策に対して最善のアプローチができているかを確認し、施策の質を標準化させることができるのです。

05

1時間の作業が生み出すROIが見える、マーケティングの生産性管理

作業時間コストの測定

プロジェクト管理ツールで施策を管理するもう1つの利点は、マーケティング活動をデータ化することで生産性を上げられることです。

マーケティング施策がフォーム経由でリクエストされると、その施策の実行に必要なタスクがプロジェクトマネジメントツールに登録され、担当者がそれぞれのタスクを実行していきます。これはマーケティングの活動履歴をデータ化しているのと同じことです。ここ十数年でSFAの導入が進み営業チームの活動がデータ化されていったのと同じように、マーケティングの現場でも今、その動きが進んでいるのです。定

着するまでには少し時間がかかるかもしれませんが、マーケティングチームの活動をデータ化することで各タスクの完了にかかった人員や時間がわかります。**これまでマーケティング活動に投資する予算に対してのみ効果測定をしていたのが、作業時間コストも併せて算出できるようになるのです。**

例えばウェビナーを1つ行うのにはデザインリソースが4時間、フィールドマーケティングのリソースが6時間、MOpsのリソースが4時間必要、といったように各マーケティング施策を行うのに必要な人的リソースを数値で出せるようになるうえ、施策ローンチまでの工程のどこで停滞しているのか簡単に確認できるようになります。

これらのデータは人材を追加採用するべきか否かの判断はもちろん、特定のプロセスの作業効率化のためにツールを導入するべきか、それとも人員を増やすべきかなどの、組織構成やプロセス構築などマーケティング部門全体に関わる重要な決断をするうえでの判断材料にもなります。また、この各施策に必要な工数のデータが数値化できて初めて金銭的および人的リソースに沿った、具体的なマーケティングカレンダーを作れるようになるのです。

このように、MOpsがマーケティング部門の施策に責任を持ち最適化を続けることで部門全体の無駄や重複が省かれ、生産性が上がっていくのです。

■ マーケティング施策に必要な作業時間コストの削減

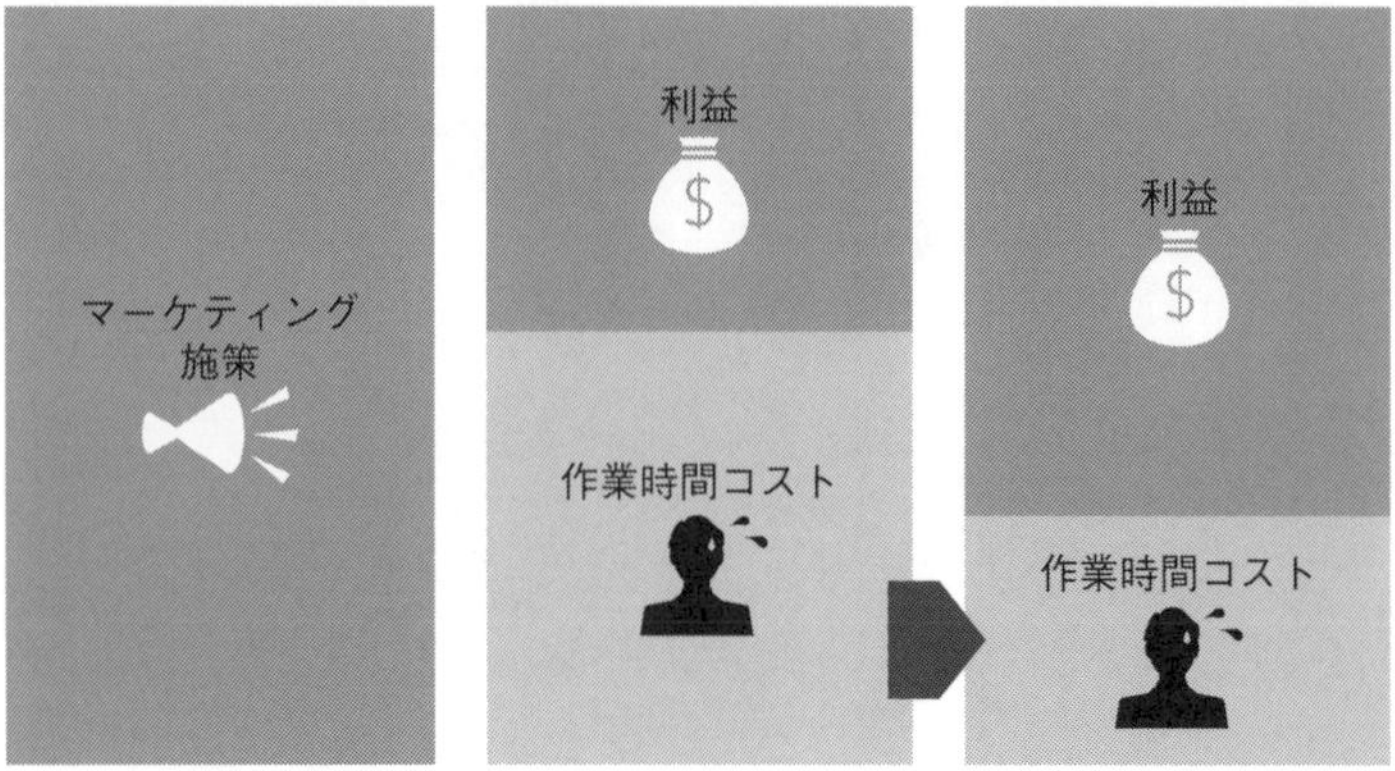

マーケティングにかかわらず作業時間コストの改善は見落とされがちですが、実際にはマーケティング施策の成功にも大きな影響を与える部分であり、この改善を図るとマーケティング組織全体の変革につながることも多々あります。

06

DevOpsから学ぶ効果的なプロジェクトマネジメント

DevOpsの発展的なプロジェクトマネジメント運用

もともとこのプロジェクトマネジメントの概念はDevOps（Development and Operations）と呼ばれる、開発現場を統括する専門部隊で用いられていたものでした。

細かなタスクが大量に出る開発現場ではタスク完了までにかかるリソースをスマートに分配するため、オペレーションを構築する必要性に早い段階から気づき、プロジェクト管理ツールなどを用いたチケット制のモデルを確立させました。

この動きがカスタマーサクセスやマーケティングなど会社組織の他部門に順々と広がっていったのです。

DevOpsではチケット管理システムも発展的に使用されており、タスクの種類によって優先順位やリードタイムを調整したり、オートメーション機能を活用した運用ルールを複数組んだりと、その運用方法にも最適化がされています。

詳しくは次節で紹介しますが、それぞれのタスクに対して最適なタスクマネジメントモデルを自動で設定しているのです。長い間このプロジェクトマネジメントモデルを運用してきたDevOpsの知見をMOpsの現場にも応用することが成功の鍵になるでしょう。

07

生産性を可視化するプロジェクトマネジメントモデルの策定

プロジェクトマネジメントモデルの構築で押さえるポイント

これまでの背景を考えるとプロジェクト管理ツールはこれからのマーケティング部門にとって必須ツールになるでしょう。**このツールを有効活用し、自社に最適なプロジェクトマネジメントモデルを構築するにはいくつかポイントがあります。**それぞれ紹介しましょう。

❶タスクの階層を整理する

マーケティング部門では自社イベントの開催など、担当する人員が多くメールの配

■ マーケティングタスクの階層の例

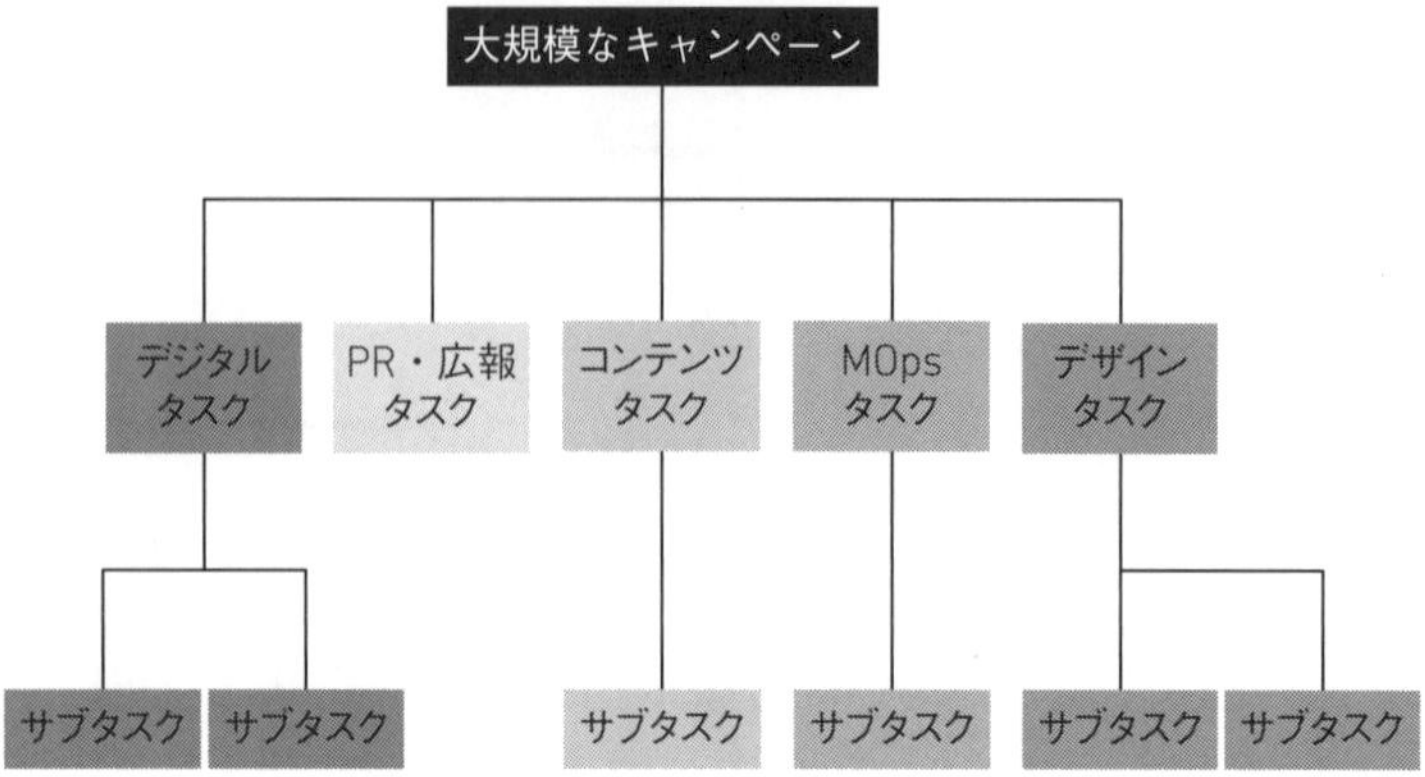

信から会場準備まであらゆるタスク・工程があり複雑な施策から、ブログの更新など大変シンプルな施策まで様々です。

このように要件が全く違うこれらのタスクを同じマネジメントモデルで管理することはできません。

そのため、プロジェクト管理ツールに複数のタスクの階層を作成する必要があります。代表的なツールでは親プロジェクトと子プロジェクト、そしてサブタスクなどの階層で管理できるようになっています。キャンペーンリクエストフォームで施策のタイプを選択すると自動的に必要な入力項目が決まるなどのルールを設けて、各施策に適切なマネジメントモデルを当てはめることができるのです。

❷緊急性の高いタスクの対応

どんなに緻密なマーケティングカレンダーを設計していても、製品・サービスに障害が出てマーケティング部門から連絡をしなければいけないなどの緊急性の高い事案が発生した場合は定められたSLAに則って作業するのではなく緊急対応が求められます。

緊急性の高いタスクは承認プロセスを簡素化したり、リードタイムを短縮した別のプロジェクトマネジメントモデルが必要になります。キャンペーンリクエストフォームに緊急案件用のタスクタイプを置くなどして緊急対応が必要なものを見分ける仕組みが必要です。ただし、これが頻繁に行われないよう計画的な施策運用のカルチャーを浸透させることも重要です。

❸オートメーションルールを活用して人的リソースを削減する

Jiraなどのプロジェクト管理ツールでは様々なタスク管理業務を自動化できる機能が備わっています。タスクの種類によって担当者を自動で割り振ったり、ウェビナー施策がリクエストされると自動的にZoomにウェビナープログラムを作成するルールを作ったりと、その可能性は無限大です。Zapierなどのi PaaSツールを連結するとさらに自動化の幅が広がります（iPaaSの活用については第6章03節で詳しく解説します）。

開発が必要な場合もありますが、自社で使っているＭＡツールとプロジェクトマネジメントツールを連携し、自動で施策（キャンペーン）を作成するなど、今まで手動で行っていたタスクを数秒で完了させるといったことも可能になるのです。

コラム

オペレーションモデルのおかげで安心して休暇が取れる

マーケティングのプロジェクトマネジメントが確立されていることの利点は、休暇の取り方にも表れます。この先6か月〜1年のタスク量と内容が見えていると、チーム内の休暇スケジュールが決めやすくなるのです。

チームメンバーの産休・育休やその他長期休暇はもちろんのこと、数日〜数週間単位の休暇予定も全てマーケティングカレンダーに登録され共有されるため、タスクの割り振りや時期の調整も必要であれば簡単に行うことができます。夏季や年末の休暇を前もって決めるメンバーも多くなるため、**彼らの休暇スケジュールを見越したマーケティング計画が立てられる**こともう1つの利点でしょう。

また、計画的にマーケティングプランが実行されるため、実行中のタスク内容やフォローが必要な点を共有しておけば、重役やチームのキーパーソンなどが休暇中でも困った状況に陥ることはほとんどありません。彼らの取り組んでいるプロジェクトやその内容にツール上で全てアクセスできるうえ、進捗などの全情報がテキストベースで残されているため、たいていのことは個々に共有しなくてもわかることが多いでしょう。逆に言えば仕事のオンオフがはっきりしていて有給消化率が日本よりも高い欧米では、休暇中のメンバーに連絡を取ってはいけないという文化があるため、このようなシステムなしには回らなくなってしまう故の対策です。

■日本の少人数制の現場にこそ必要なプロジェクトマネジメント

日本ではまだまだマーケティング部門に投資をしない企業も多く、膨大なマーケティングタスクを少人数でこなしている現場も多くあります。

チームに課せられている目標と現在の人員数や予算が全くマッチしていない場合は、前述した通りマーケティング投資について、目標から逆算する形で人数や予算を確保、もしくは活動内容を見直すことも必要でしょう。それに加えてマーケティングタスクをプロジェクトマネジメントツールで可視化し、組織的なマーケティング運用を開始することが最初のステップとなるでしょう。こうすることで**タスクがどこに偏っているか、人員不足が原因でボトルネックになっているプロセスの特定や、ツールやシステムで解決もしくは改善できるポイントを特定できます。**

マーケティング人材の獲得競争が激化している今、マーケターのワークライフバランスを確保できるようなプロジェクトマネジメントでマーケティング活動を運用することが結果的にマーケティング人材の確保にもつながるのです。

第6章

自社に最適なテクノロジー選定と構築

01 データマネジメントモデルの策定とテクノロジー選定

データマネジメントモデルの策定

データマネジメントとは収集したデータの価値を可視化し向上させる活動であり、データマネジメントモデルはこれを可能にするプロセスを構築することを指します。

MOpsには、各ツールから収集するデータの内容や形式を精査し、それを適切につなげて管理、分析する仕組みを作る責任があるのです。第3章01節で説明した通り、データマネジメントの方向性を一歩間違えると非常に非効率になる可能性もあるため、データ利用シーンを整理したうえで適切な正解が出るデータマネジメントを実行する必要があります。

どのデータを収集しどう管理するかは、選択するテクノロジーツールやその組み合わせが直接的な影響を与えるため、データマネジメントモデルの策定はテクノロジースタックの構築と切っても切り離せない関係性にあります。

爆発的に増えたマーケティングテクノロジーツール

過去10年間でマーケティングテクノロジーツールの数と種類は爆発的に増え、スコット・ブリンカー氏がchiefmartec.comで公開している代表的なマーケティングテクノロジーツールのカオスマップ（２０２２年）には実に９９３２に及ぶツールが掲載されました。カオスマップの作成を開始した２０１１年の１５０に比べると実に66倍以上の数に増加しており、テクノロジーの発展のスピードを実感させる数字になっています。**11年前と比べると、カオスマップに載っているツールの複雑性も大変高くなりました。**

また、ツールの入れ替わりも激しくなっています。２０２０年から２０２２年にかけて、９７２のツールがこのカオスマップから削除され、同時に２９０４の新しいツールが追加されました。新しいテクノロジーが勃発している一方、競争に勝てずに消え

■ 11年前の66倍以上の数に成長したマーケティングテクノロジーツール

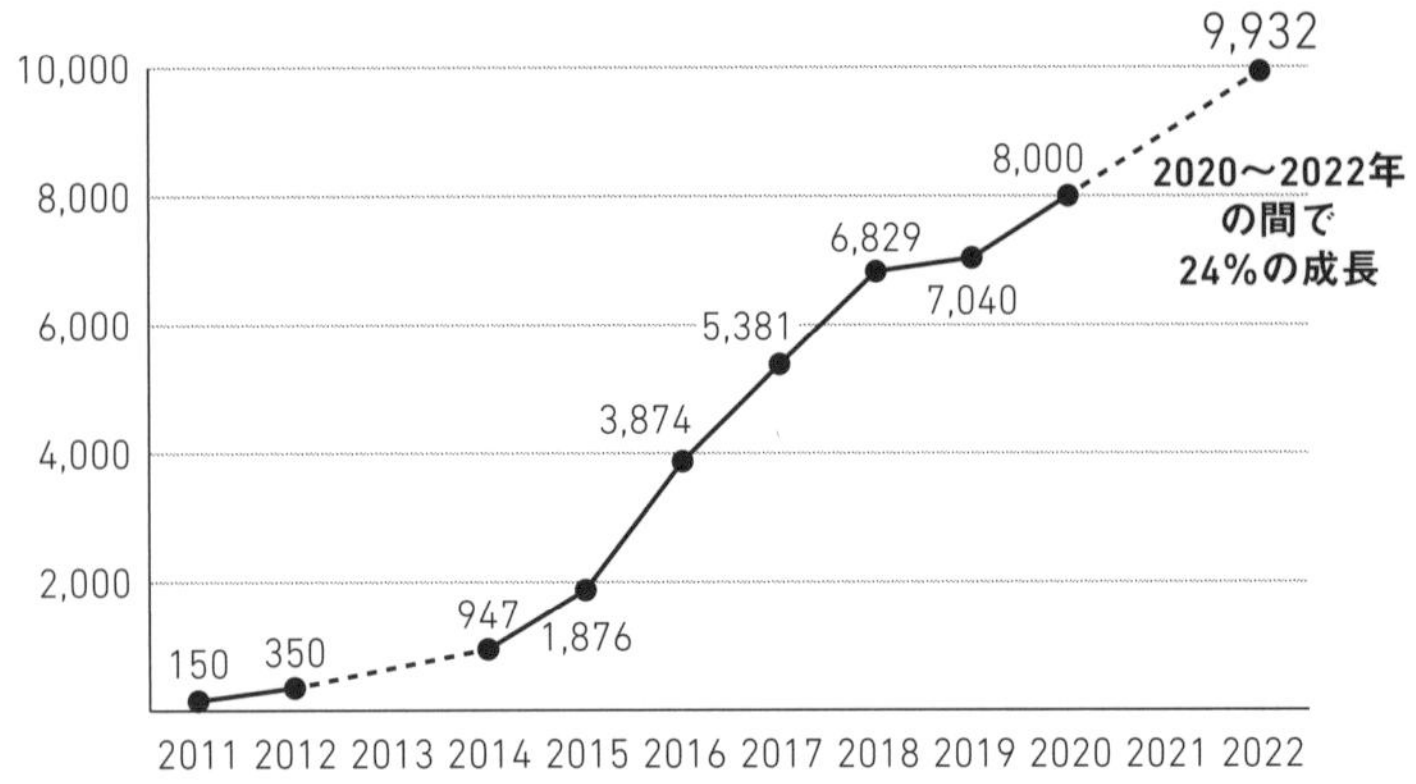

出　所：chiefmartec.com「Marketing Technology Landscape 2022: search 9, 932 Solutions on martechmap.com」
https://chiefmartec.com/2022/05/marketing-technology-landscape-2022-search-9932-solutions-on-martechmap-com/

ていくツールも大変多いのです。

新しいテクノロジーツールが頻出するマーケティング業界で約1万もあるツールの中から自社に適したものを選択するには各ツールの技術的な理解はもちろん、自社のビジネス要件も理解する必要があります。

マーケティングの専門知識がなければ適切なツールの要件定義から導入、プロセス設計などをすることは難しく、もはやＩＴ部門が管理できる内容ではなくなっています。

02

複数のツールを組み合わせて効果を最大化するテクノロジースタックの設計

ポイントソリューションを組み合わせて柔軟なテクノロジースタックを構築する

現在、いくつのマーケティングテクノロジーツールを使っていますか？ 使用しているツールの中にはポイントソリューションと呼ばれる、機能ごとにツールを導入して組み合わせている場合もあれば、プロダクトスイートと呼ばれるようなCRMからMA、CMSやERPまで全て一社の製品群に統一している場合もあるでしょう。

第3章01節でも紹介した通り、2020年のガートナー社のレポートによると、次ページのように**デジタルIQスコアの高い企業では、ポイントソリューションが占める割合が大きいことがわかりました**。統合に工数はかかるものの、ツールの複雑化が

■ テクノロジーツール数とデジタルIQスコアはテクノロジースタックの中でポイントソリューションが占める割合と比例している

DIQが大変高いリーダー企業はポイントソリューションで統合されたソリューションを補完している

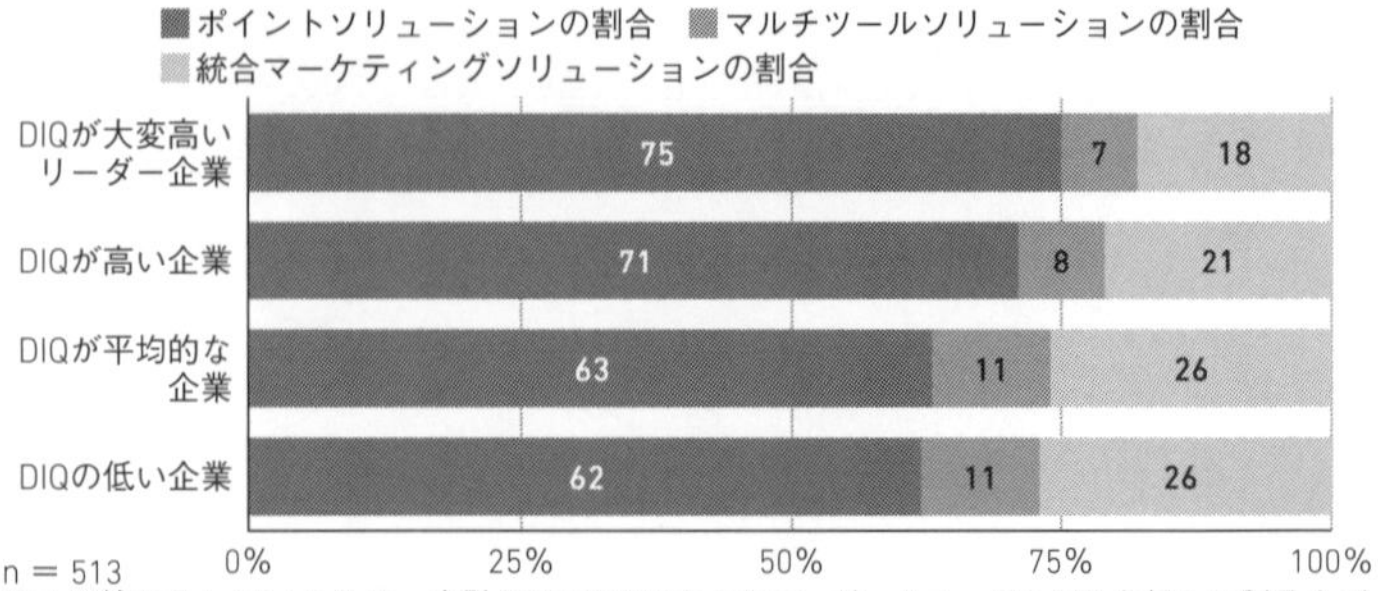

n = 513
注：四捨五入しているため、合計は100%にはならない。ガートナーは1,600 を超える製品をポイントソリューション、マルチツールソリューション、スイートソリューションに分類した。ポイントソリューションは、単一のソリューションを提供するベンダーの製品、マルチツールソリューションは、2 〜 3のソリューションを提供するベンダーの製品、そして統合型スイートソリューションは、4 つ以上のソリューションを提供するベンダーから提供される製品と定義している
出所：ガートナー「Improve Marketing Technology ROI With Strategies From Top Brands」
https://www.gartner.com/en/marketing/insights/articles/improve-marketing-technology-roi-with-strategies-from-top-brands

進み専門性が高まる中、リーダー企業はプロダクトスイートで固めるのではなく各領域のツールをうまく組み合わせることで自社に最適で柔軟なテクノロジースタックを構築しているのです。

多くのツールを使っていく中でどのようにテクノロジースタックをデザインし、構築すれば良いのでしょうか？

マーケティングテクノロジースタックの構築

テクノロジースタック構築において念頭に置くべきは「どのツールが必要か」ではなく「どの問題の解決やニーズに対応したいか」、いわば要件定義です。当たり前のことのように聞こえますが、多くの会社が

これをきちんと定義せずに先行してツールを導入してしまうため、「MAを導入したが、メール配信ソフトとしてしか活用できていない」「ツール間の連携が難しくデータがサイロ化してしまう」という問題が起こることが多々あります。以下にテクノロジースタック構築において考慮するべき点やその順番を挙げました。

❶マーケティングチームの将来目標を明確化し要件定義を行う

1年先、3年先、5年先のスパンでマーケティングチームが目指したい理想像や改善したいポイントを明確化します。この方向性が会社全体と合致しているか、そしてそれを実現するにはどれくらいヘッドカウントが必要か、予算はどれくらい見込めるかなども考慮して目指すべき姿をしっかり把握します。

理想像が固まったら実現に必要な機能やツールを羅列し、特に考えておくべきタイムラインがあれば併せて考えます。例えば、今後1年以内にABM施策を展開したい場合、CRMに企業属性データを組み合わせる機能（データエンリッチメント）が今期末までに、ウェブサイトにパーソナライゼーション機能が来期末までに必要だ、など必要な機能やツールとその時期をつなげて考えることで、マーケティングスタック全体の形や雰囲気も見えてきます。全員が同じ方向性でテクノロジーツールの選定ができるよう、将来のビジョンも含めてチーム全体で話し合いましょう。

❷主要ツールのリサーチ

必要な機能やツールの中で、ECやMAなどの長期的に使うツールやマーケティング活動の中心になるツールは、この時点で候補を挙げ、機能の違いなどの調査を始めます。

各ツールの機能を深く理解するには相当のリサーチと時間が必要になります。場合によってはマーケティングチームだけではなくエンジニアや営業、カスタマーサクセスチームなど様々な部門と提携しながら、以下の点をチェックして選択肢を絞っていきます。

- **既存マーケティングツール・システムとの統合の可否**：検討しているツールは既存ツールとどのレベルでデータ連携ができるか、連携完了までの工数はどれくらいか、他部門システムとの連携ができるかなどを確認します。
- **既存ツールと併用する、もしくは置き換えるうえで発生するボトルネックの有無**：「今まで作ったランディングページの移行ができない」「メールのテンプレートを一から作り直す必要がある」など検討しているツールを導入することでボトルネックが生まれる点を全て洗い出し、比較検討します。

- **カスタマーサービスの提供内容**：検討しているツールベンダーで自分のチームに必要なカスタマーサービスが受けることができるか確認します。
- **パートナーエコシステムの確認**：検討しているツールベンダーのテクノロジーパートナーやソリューションパートナーのリストを確認し、今後のニーズに沿っているかを確認します。
- **分析機能**：検討しているツールのデフォルトの分析機能だけで十分カバーできるか、もしくは別にBIなどの分析ツールを導入する必要があるかを確認します。

❸テクノロジースタックをデザインする

調査を済ませ必要なツール群が見えてきたら、テクノロジースタックの全体像を落とし込みます。これには次ページの図のガートナー社のマーケティングテクノロジートランジションマップが参考になります。ここでは各マーケティング施策、ツールやベンダーがどのように関わり合っているかが地下鉄マップを模して表されています。テクノロジースタックはカスタマージャーニーに沿ったシンプルなリニア導線を描き

■ マーケティングテクノロジートランジションマップ

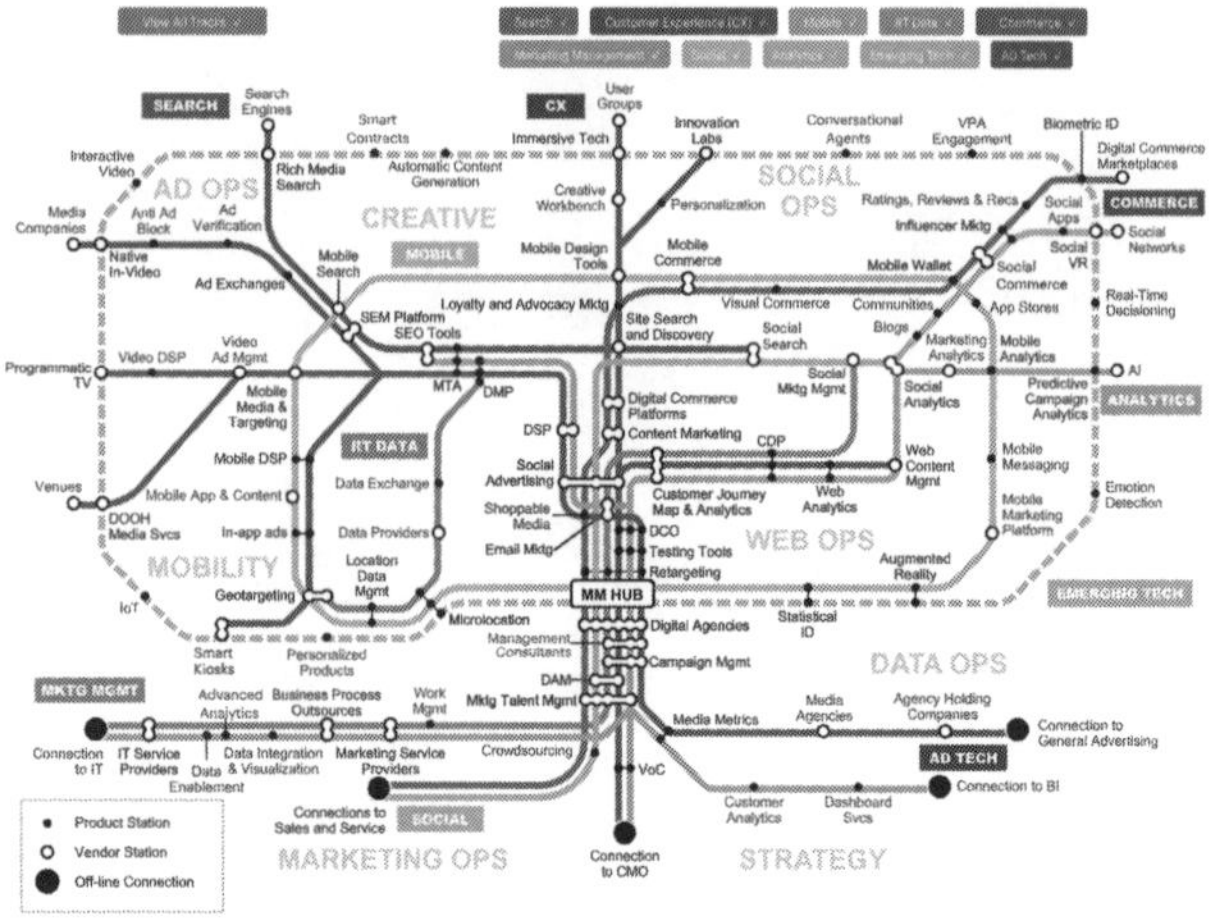

出所：ガートナー「The Digital Marketing Transit Map」
https://www.gartner.com/en/marketing/research/the-digital-marketing-transit-map

がちですが、実際のマーケティング活動やカスタマージャーニーはもっと複雑でもはや直線では描ききれなくなっています。まさにこのようなマーケティング活動全体を俯瞰した視点で自社のマーケティングテクノロジースタックを把握することが大変重要になるのです。

いきなりこの粒度でツールのマッピングが難しい場合は、次ページの図のように**抱えている課題やニーズごとにまとめて、市場に出ているツールを書き出し、そこから自社に適切なものを選んでいくと良いでしょう**。書き出していくうちに「このツールは広報・PRチームと分析チーム両方に必要だ」「この2つの問題はこのツールを導入すればまとめて解決できるかもしれな

■ 解決したいマーケティング課題を中心に設計したマーケティングテクノロジースタック

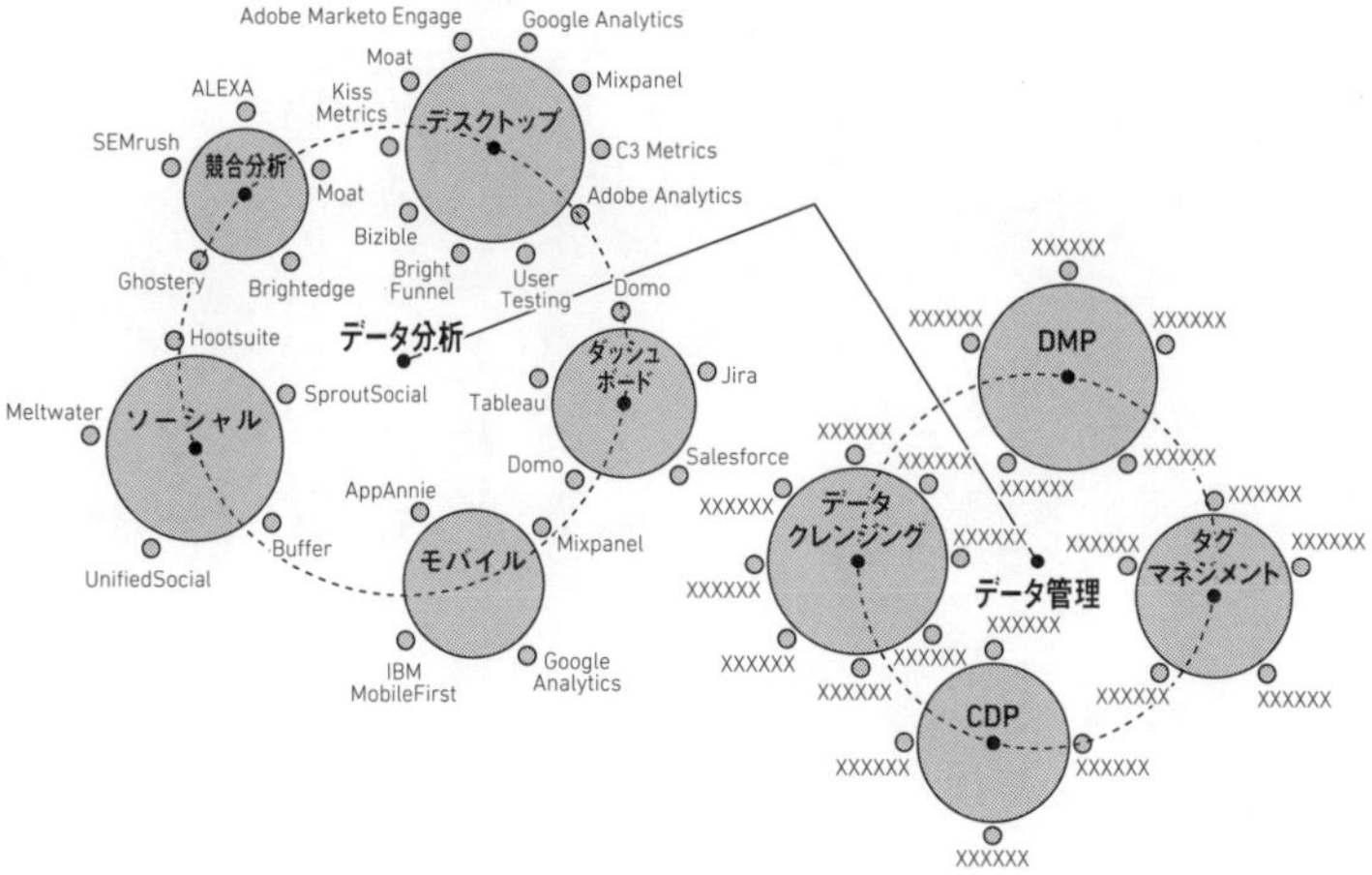

い」など多くの気づきが出てくることでしょう。これらを1つひとつ整理して調べていくと、マーケティングテクノロジースタックの形が明確になってきます。

❹ロードマップを敷く

マーケティングテクノロジースタックの設計から導入までは大変時間のかかる作業であり、継続的に改善を繰り返す必要があるため、構築プロセスに終わりはありません。だからこそ要件定義を行ったうえでロードマップを作成し、明確なタイムライン通りに手をつけることが大切です。

デザインしたマーケティングテクノロジースタックの中で優先順位の高いものを特定し、ロードマップに落とし込んでいきます。数年にわたる長期スパンで計画するため途中で新しいツールや機能が発表されたり、自社のマーケティングニーズが変わったりと様々な変更点も出てくるでしょう。その都度見直しをしているとプロジェクトが動かなくなってしまうので、半年〜1年に1回のペースで今の自社のニーズと市場に出ているサービスやツールに差異が生じていないかを定期的に確認することが重要です。

新しいテクノロジーが出ても踊らされることなく、自社に最適かどうかという観点でロードマップの編集、アップデートを行います。

03 柔軟なデータ連携を実現するiPaaSの活用

会社全体のオートメーション化を実現するiPaaS

このようにマーケティングテクノロジースタックを構築していくと課題になるのがデータ連携です。ツールの数が増えてデータがサイロ化してしまっては元も子もありません。**数十のツールにおよぶマーケティングテクノロジースタックを簡単につなぎ柔軟なデータ連携を実現するには、iPaaS（Integration Platform as a Service）の活用が効果的です。**

テレワークやＤＸが進み企業が使用するSaaS製品が増えるにつれ、データが点在化し部門間はもちろん部門外でも一気通貫した分析をすることが大変難しくなっています。また、ソフトウェアの導入や統合には時間と労力がかかるうえ、複数ソフトウェア間を移りながら仕事をするのは非効率の元にもなります。

そんな問題を解決するのがiPaaSです。iPaaSはオンプレミス環境やクラウド環境間の統合を簡素化し、会社全体のオートメーション化を実現するソリューションです。iPaaSはクラウドを介して複数ソフトウェアやアプリケーションを統合しデータを一元管理することで効率化、コストカット、セキュリティ強化を実現します。採用プラットフォームから会計ソフトまでなど、全てを統合することでデータを一元化し、業務のオートメーション化を実現できるのです。

マーケティング部門におけるiPaaS活用のメリット

では、マーケティング部門にとってiPaaSの導入はどのようなメリットがあるのでしょうか？　使用するツールの数が多いマーケティング部門は、iPaaSを活用することでMA、Eメール配信ツール、ソーシャルメディア管理ツール、Eコマースなど複数のソフトウェア間で柔軟なマーケティングプログラムの設計ができるようになります。

もちろん今までも統合をすればデータ連携はできていました。しかし、何十ものマーケティングソフトウェアを連携してマーケティング活動のデータを一括管理できている会社はそこまで多くないでしょう。どんなに最先端のツールを集めてもツール同士がつながっていなければ、マーケティング施策の成果も見えづらくなります。

iPaaSを使うと何千もの他のアプリケーションと簡単に連携できるため、今までは複雑な統合が必要だったPOSデータと広告プラットフォームの連動や、CRM、MA、SFA、データ視覚化ツール間の同期などを数クリックで完了できるようになります。**iPaaSを導入することでリソースを抑えてマーケティングテクノロジーの活用度を上げることができるのです。**

部門を超えたコラボレーションでマーケティング施策の質を向上する

iPaaS活用のメリットは営業やカスタマーサービスなど様々な部門との連携の面でも表れます。例えば既存顧客に対してアップセルを訴求したい場合、iPaaSでカスタマーサービスプラットフォームとCRM、MA、メールマーケティングソフトを連携すれば、過去のカスタマーセンターとのやりとりやタイミングなどのデータをマーケティング活動に活用できます。

■ 部門間を超えたツールの連携

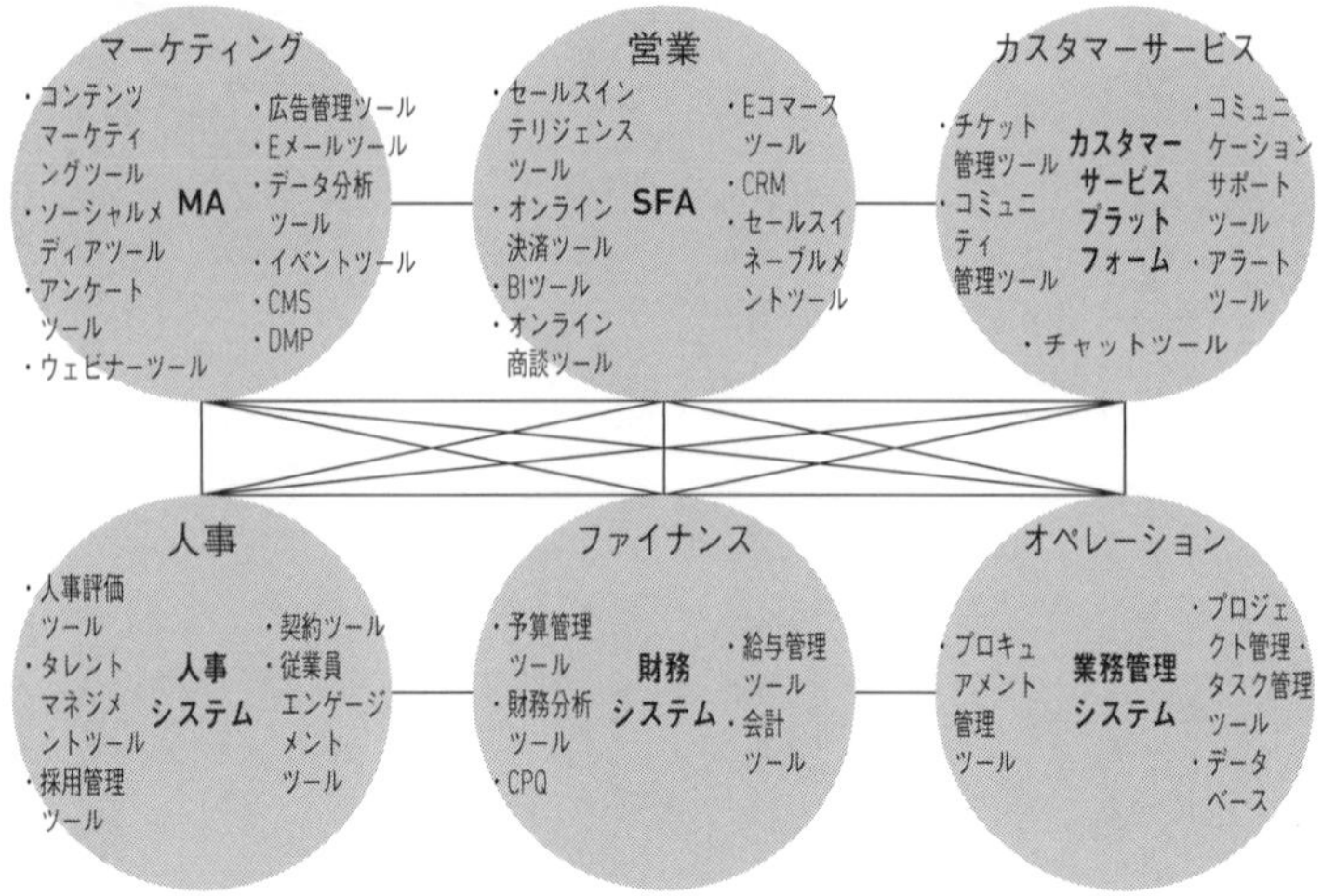

このように他部門連携を強化することで顧客ライフサイクルを通じたデータ連携ができるようになり、パーソナライズされたメッセージを適切なタイミングで配信できるようになります。

混沌化している社内のツールを統合することで顧客や見込み顧客の姿をデータで可視化し、マーケティング活動の効率性や質を向上させることができるのです。全社単位で業務のオートメーション化を図れば業務効率化や時間の節約など様々な利点が生まれます。

04 収益貢献度やボトルネックを可視化するレベニューダッシュボードの構築

マーケティング施策がレベニューに与える効果を可視化するレベニューダッシュボード

第4章でレベニュープロセスマネジメントについて説明しました。マーケティング施策が収益に与える効果を可視化するレベニューダッシュボードの多くは、MAなどマーケティング施策を管轄するプラットフォームで構築されます。

各マーケティングチャネルや施策が商談の創出や最終的な収益にどれだけ貢献したのかを、マルチタッチアトリビューションやシングルタッチアトリビューションモデルで分析し、一目で確認できるようにするのがレベニューダッシュボードです。これを把握することでマーケティング予算をスマートに分配したり、効果が出ていない施策やチャネルを特定したりすることで今後のマーケティング計画を最適化できます。使用するツールによってデフォルトで備わっている分析機能が異なるため、ここでも自社のニーズを踏まえたツールの選定が重要になります。他の分析ツール、BIツールなどを用いる場合もあるかもしれません。

レベニューダッシュボードの構成事例

効果的なレベニューダッシュボードの例として第4章08節で紹介したAdobe Marketo Engageのパフォーマンスインサイトが挙げられます。このダッシュボードではマーケティング活動がレベニューに与えた影響をチャネルや施策ごとに可視化することはもちろん、CPO（Cost Per Opportunity：商談を作るためにかかったマーケティングコスト）やCAC（Customer Acquisition：顧客1件当たりにかかったマーケティングコスト）も簡単に確認できます。

そのため、メールのクリック率やリードスコアなどの初期的なマーケティングメトリクスのみに頼らず、商談成立までの収益サイクル全体を通したマーケティング施策の効果を測定することができるのです。

■ Account Engagementダッシュボードの例

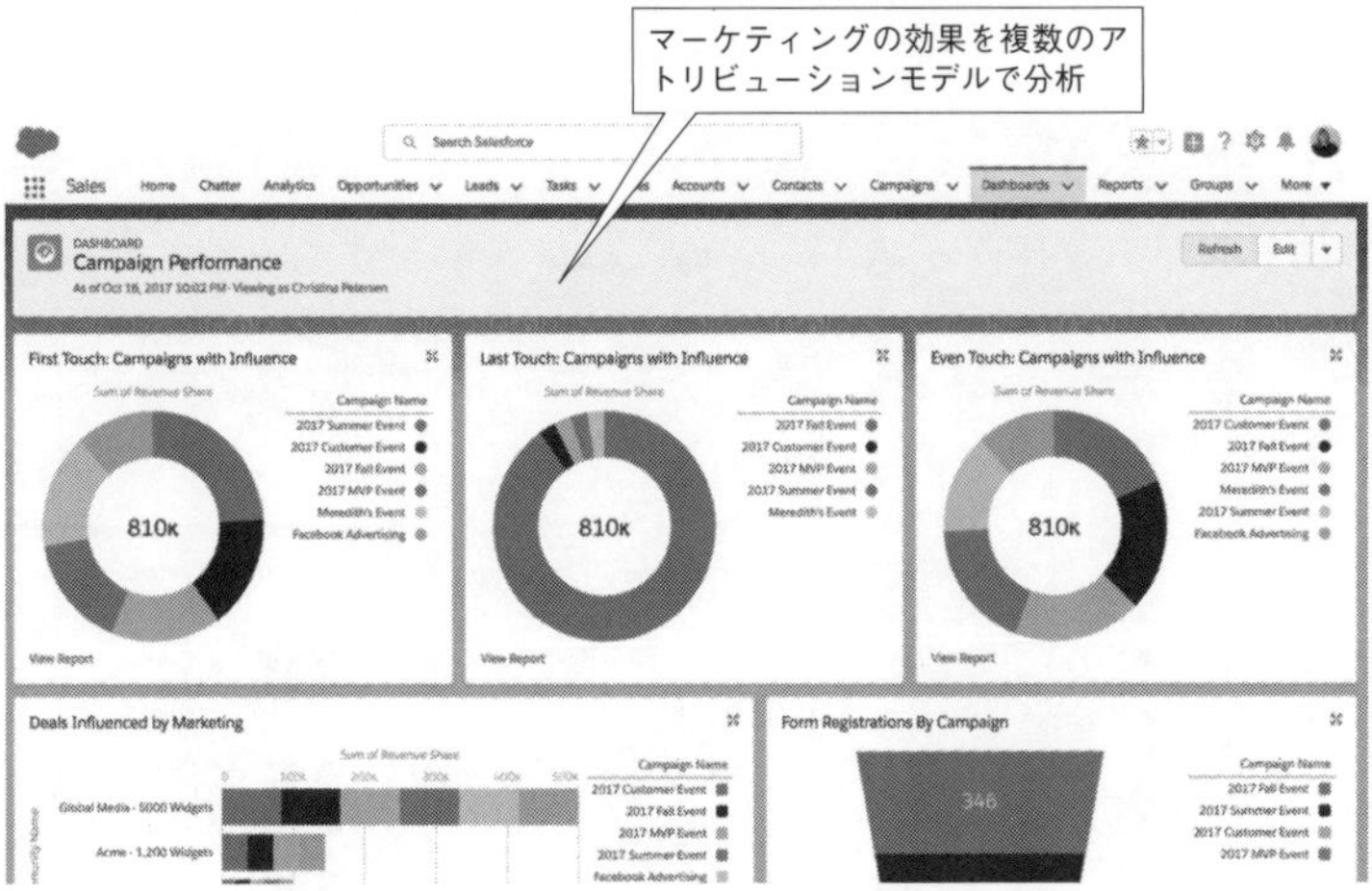

出所：Optimal Business Consulting「Campaign Attribution Models and Campaign Reporting」
https://optimalbusinessconsulting.com/campaign-attribution-models-and-campaign-reporting/

また、セールスフォースが提供するAccount Engagementの場合もこれらの指標をSalesforceと連携したダッシュボードで作成することができます。

05 生産性ダッシュボードの構築事例

生産性ダッシュボードの作成

第5章06節で説明したようにプロジェクトマネジメントモデルを策定し、マーケティング活動内容をデータ化すると、施策のベストプラクティスはもちろんマーケティング部門の生産性を示すインサイトがたまっていきます。これらはマーケティング部門にとって様々な意思決定の材料になる大変有効的なデータです。

プロジェクトマネジメントツール上に数種類のデータをまとめたダッシュボードを作成し、管理・可視化することで、マーケティング部門全体での生産性の推移を一目で確認できるようになります。

ダッシュボードではタスクの割り振り方に偏りがないか、タスクの種類ごとの平均完了時間、停滞時間が長いタスクやステップ、特定の担当者、チーム、部門の稼働時間のトラッキングやSLAで定められたタスク完了期日までに終わった分のパーセンテージなど、マーケティングチームの業務の生産性を表すデータを追加します。

これをもとに、頻繁に停滞が起きるタスクがある場合はプロセスの修正で改善できるか、タスクが特定の個人やチームに偏っていてボトルネックになっている場合は人員を追加するべきか、SLAで定められた完了期日の達成率が低い場合は非現実的なSLAなのか、それともSLAが浸透していないのかなど、**最適化が必要な箇所を特定します。そして対応策を考え、CMOなどのマーケティング責任者と実行に移していきます。**

プロジェクトマネジメントツールで構築する生産性ダッシュボード

自社で使っているプロジェクトマネジメントシステムのレポート機能を確認しましょう。

例としてJiraの画面を用意しました。Jiraのダッシュボードでは担当者別のタスク

■ Jiraのダッシュボードの例

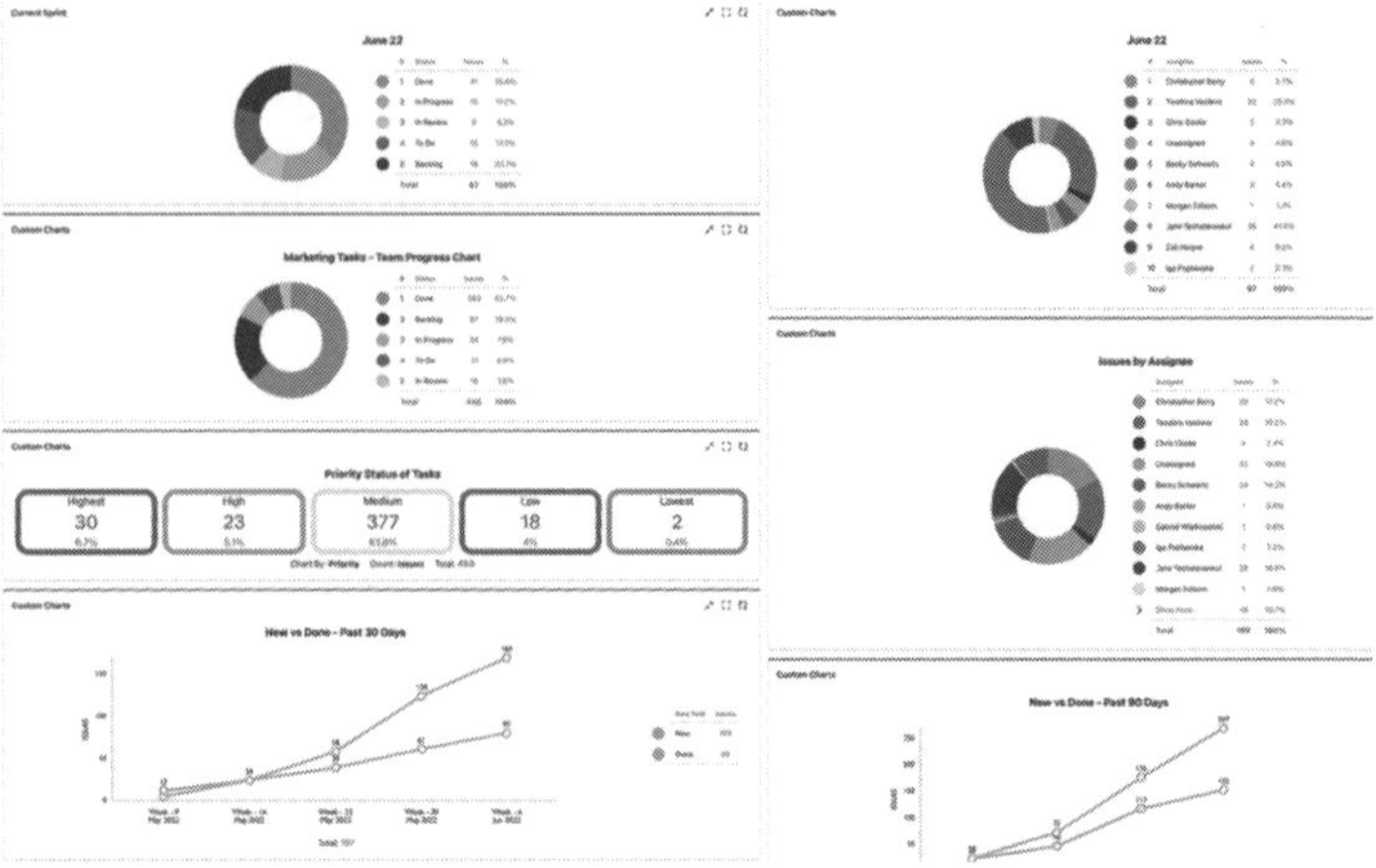

出所：Atlassian Community「How Use of Jira Dashboards Improved our Marketing Team's Efficiency」
https://community.atlassian.com/t5/Jira-Software-articles/How-Use-of-Jira-Dashboards-Improved-our-Marketing-Team-s/ba-p/2053737

割り振り率、ワークロード状況、各ステータスに費やした時間、タスクが登録されてから担当者が応答するまでにかかった時間など、生産性を測定するのに必要なデータを数クリックでグラフに可視化することができます。

生産性ダッシュボードは必ずしもマーケティング部門全員がアクセスしトラッキングするものではありません。**MOpsが主体となってデータをトラッキングし、必要に応じてレポートの追加や編集を行います。**様々なレポートの中でも各ステータスに費やした時間やステータスの後退があるかなど、マーケティングプロセスの遷移状況を可視化するものは重要になります。

また、プロセスの中で改善するべきポイントを炙り出し、人員配置で解決するのか、新たなツールを導入して解決するのか、それともプロセス自体を変えるのか、などのインサイトを読み取れるようなダッシュボードを構築することが重要です。

コラム

グローバルのテクノロジースタック

■顧客中心のマーケティングテクノロジースタック

第1章04節でも触れた通り、欧米ではマーケティングテクノロジースタックを広く共有している企業も多く、その例も様々です。**最近では単に効率的なテクノロジースタックを構築するだけではなく、顧客中心主義のテクノロジースタックを作ることが重要視されています。**使用する数十のツールはそれぞれ、顧客や見込み顧客のデータのかけらを集めています。これらのかけらが揃って初めて顧客の全体像が見えるようになるため、チャネル施策を中心に考えたツールの導入ではなく、顧客理解を深め、顧客価値を提供できるようにツールを導入するというアプローチのもと、テクノロジースタックが構築されているのです。

米国の通信大手ベライゾンやブラジルの大手銀行イタウ・ウニバンコ銀行もスタッ

クのデザイン方法は違うものの、顧客を中心に捉えたスタックの構築がされています（254・255ページ参照）。

■マーケティングテクノロジースタックの複雑化に悩む米国企業

マーケティングテクノロジースタックの構築が進んでいる欧米ではチャレンジも同時に起きています。**ツールの導入や普及が進みテクノロジースタックが複雑化する中、テクノロジーの機能を使いこなせる企業が減っているのです。**

256ページの図のようにガートナー社が2022年に324社に対して行った調査では、今市場でアクセス可能なマーケティングテクノロジー機能のたった42％しか使いこなせていないというデータが出ています。これは2年前の2020年の58％から急激な下落です。

この背景にはコロナ禍で企業のDX化が進み使用するツールが急激に増えたことや、デジタル化によって大きな企業変革が起きたことも関係していると推測されていますが、次々に出る新しいマーケティングテクノロジーの波にのまれ、自社のスタックを自分たちで使いこなせないほどに複雑化させてしまったケースも見られます。これら

■ 米通信大手ベライゾンの顧客を中心に捉えたマーケティングテクノロジースタック

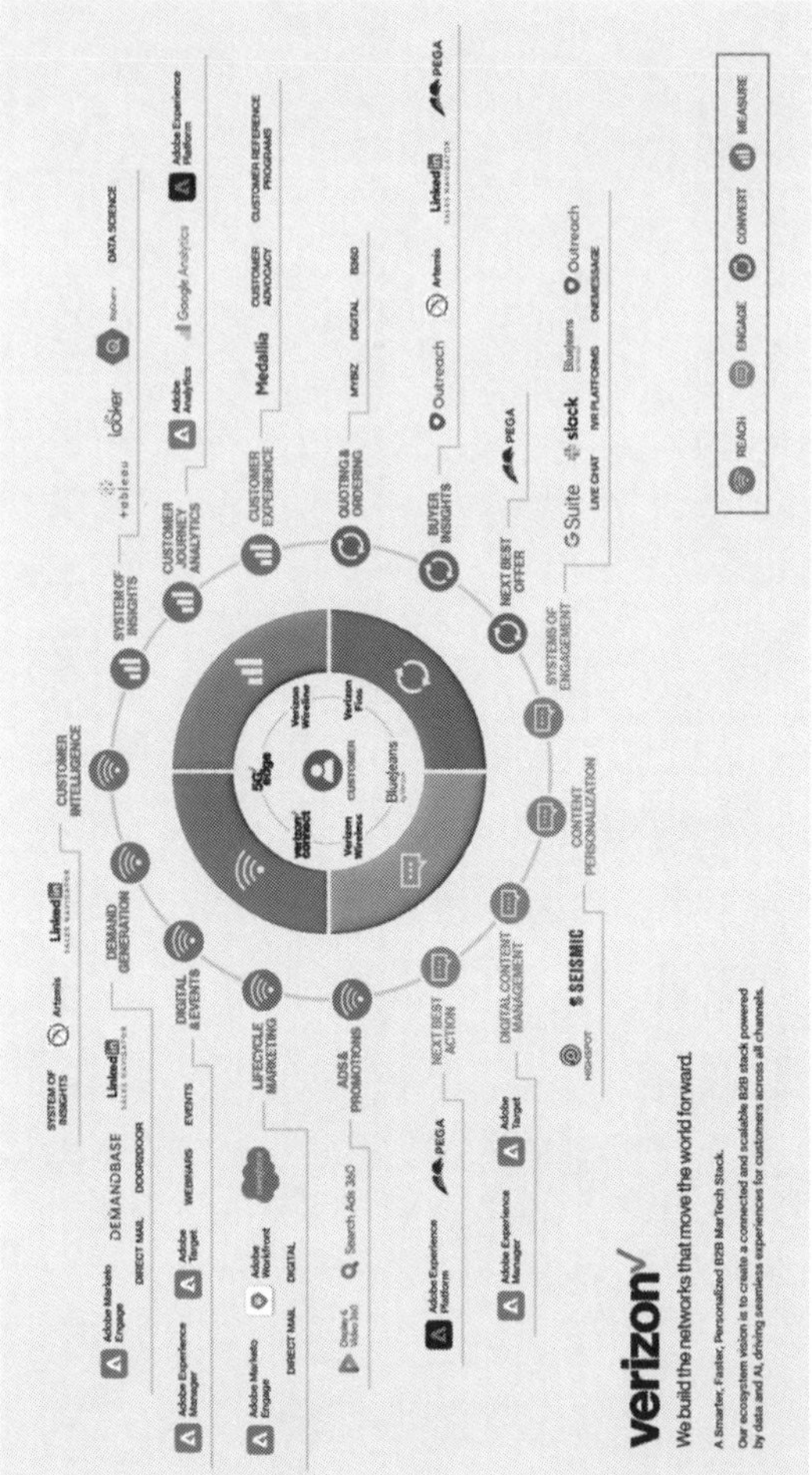

→ツールの用途（顧客へのリーチ、エンゲージメント、コンバート、計測）で分けられたテクノロジースタック

出　所：chiefmartec.com「32 illustrated martech stacks entered in The Stackies 2022: Marketing Tech Stack Awards」
https://chiefmartec.com/2022/05/32-illustrated-martech-stacks-entered-in-the-stackies-2022-marketing-tech-stack-awards/

■ ブラジル大手銀行、イタウ・ウニバンコ銀行の顧客を中心に捉えたマーケティングテクノロジースタック

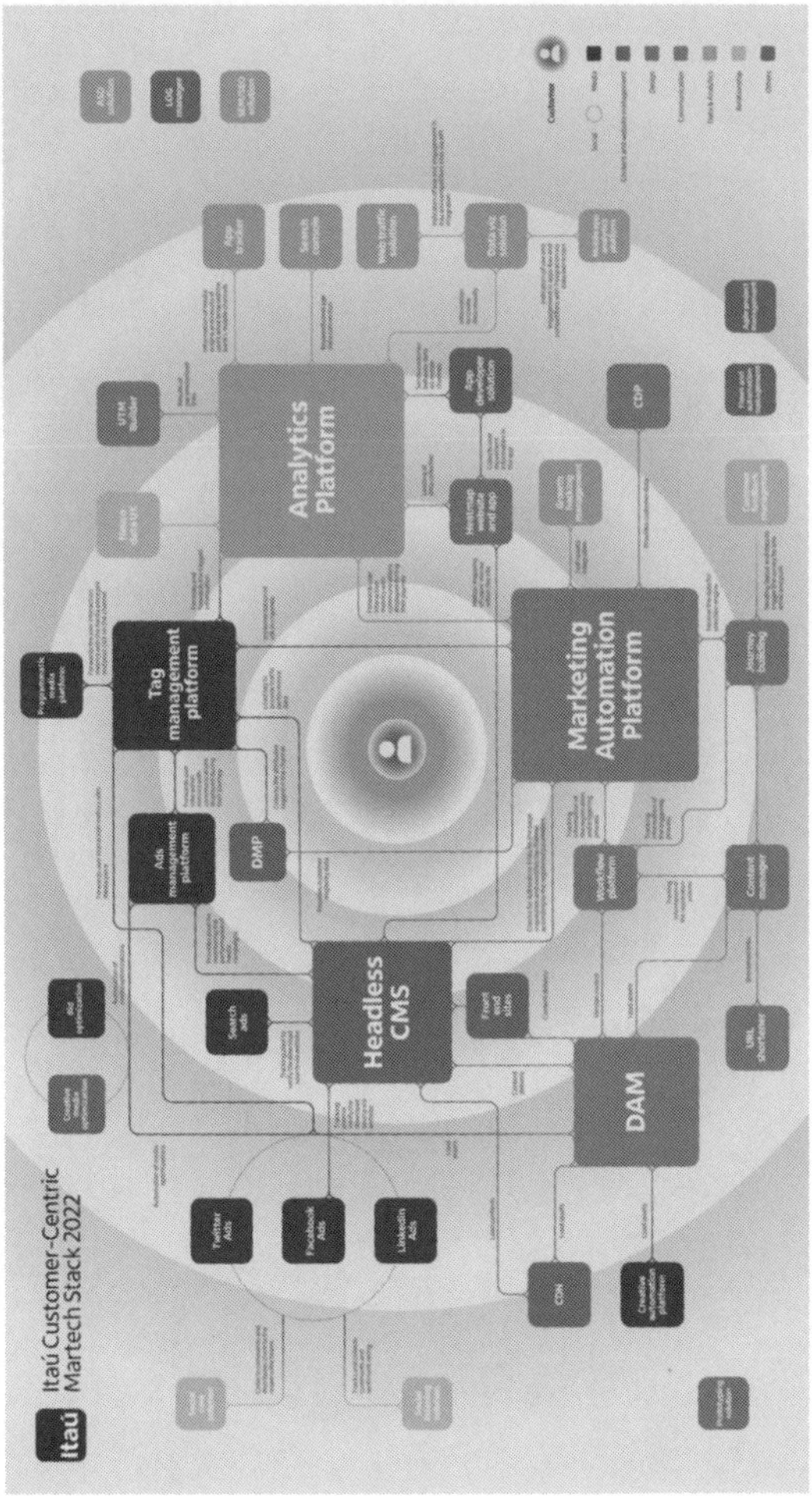

→ツールの種類（コミュニケーション、デザイン、データ分析、コンテンツ管理など）で分けられたテクノロジースタック

出　所：chiefmartec.com「32 illustrated martech stacks entered in The Stackies 2022: Marketing Tech Stack Awards」
https://chiefmartec.com/2022/05/32-illustrated-martech-stacks-entered-in-the-stackies-2022-marketing-tech-stack-awards/

■ この2年でマーケティングテクノロジースタックの活用度が落ちた米国企業

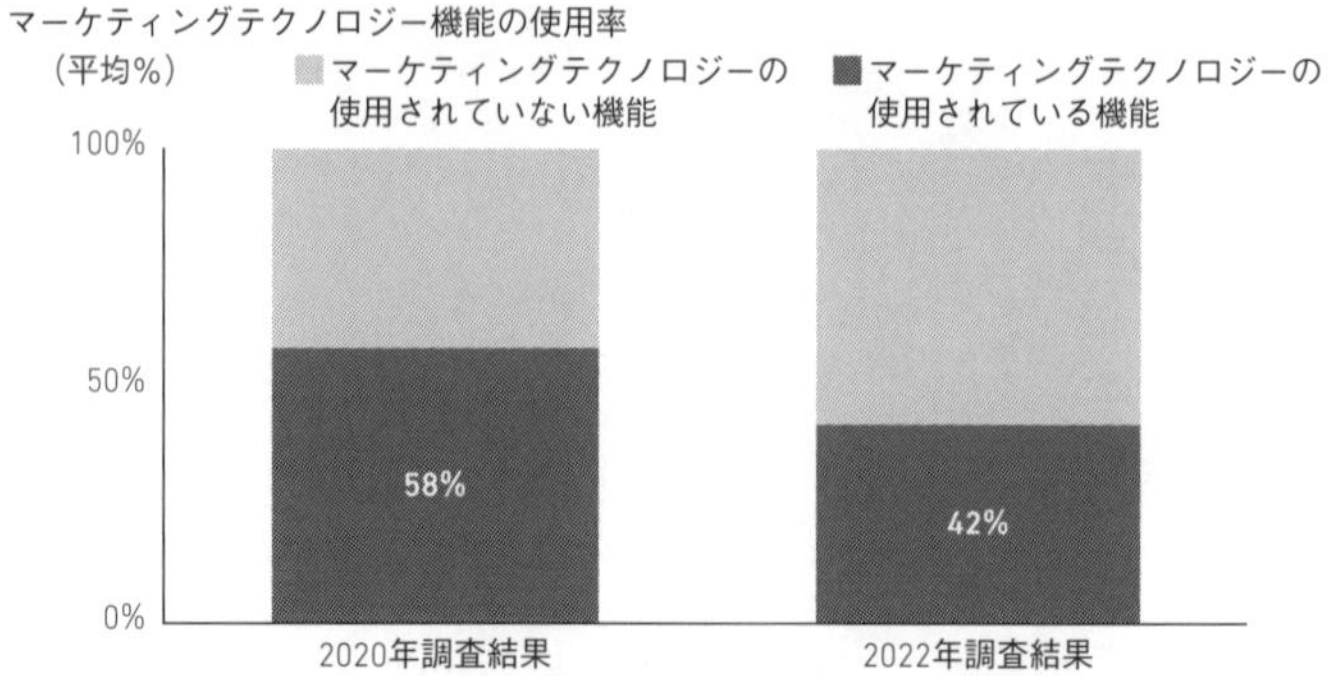

2022 年（n＝ 324人）と、2022 年（n=366人）のマーケティングテクノロジーリーダーに対する調査。「マーケティング テクノロジーによって利用可能になった機能のうち何パーセントがあなたの会社で現在利用されていると思いますか？」

出典：ガートナー「the 2022 Marketing Technology Survey Results」
https://www.gartner.com/en/marketing/insights/technology-emerging-trends

の企業では、いかにテクノロジースタックの機能や効率を下げずに、ツールの数を減らせるか、構成をシンプルにできるかという段階になっているのです。

この現状からもわかる通り、テクノロジースタックの構築は新しいツールや評判の良い有名ツールをかき集めれば良いわけではありません。構成がシンプルでも、それらをうまく組み合わせ自社のニーズを適切にカバーできれば強力なテクノロジースタックと言えます。

自社のテクノロジーのニーズは、ビジネス状況や市場の変化などによっても変わるため、自社のニーズを定期的に確認し、現状と差異がないかを確認することが重要です。

第7章

MOpsの進化と展望

01 MOpsからレベニューオペレーション（RevOps）へ

RevOps（レベニューオペレーション）とは？

RevOpsは、MOps、Sales Ops、CS Opsで構成される収益全体のプロセスをサポートする3つのオペレーションチームを統合する役割として今最も注目されているコンセプトです。**このRevOpsが注目されている理由として組織やデータのサイロ化が挙げられます。**

MOps、Sales Ops、CS Opsは、プロセスやファネルの異なるステージのデータやテクノロジーを担当するため、MOpsはマーケティングチーム、Sales Opsは営業チーム、CS Opsはカスタマーサクセスチームのニーズを満たすために最適なデータやテクノロジー、そしてプロセスを整理しています。マーケティング、営業そしてカスタマーサクセスがそれぞれ同じ方向を向いているのであれば、それぞれの役割が最良の顧客体験を提供するために最適化を図ると思いますが、現実はそう甘くはありません。

読者の皆様の中には、マーケティングチームは一所懸命優良なリードを獲得し営業チームに引き渡したが、営業チームは品質の低いリードを引き渡されて売上につながらない、という経験をされた方もいらっしゃるかもしれません。これは第4章03節で解説したMQLの定義などをしっかり行うことで、ある程度防ぐことができますが、それでもこのような不調和は時として起こります。他にも、営業が何か月もかけて受注した案件が「顧客とのスコープのすり合わせが不十分で顧客の不満を招き、リテンション率に大きな影響がある」とカスタマーサクセスチームが不満を漏らすということも起こり得ます。専門性が強化されプロセスごとの役割が明確になれば効率性が強化される一方で、コラボレーションは薄弱となり不調和が生じます。そのため、それぞれの主張が蔓延し部分的な最適化が進んで、結果的には顧客体験の品質が低下するということが起きてしまいます。

これらの役割を統合し、俯瞰的な目で収益全体の最適化を目指す司令塔として、

ＣＲＯ（Chief Revenue Officer：チーフレベニューオフィサー）という役割が誕生し、日本の組織でも採用する企業が増えてきています。ＣＭＯやＣＳＯ、ＣＣＯといった役割の方がＣＲＯにレポートし、ＣＲＯがレベニュープロセス全体の最適化を図るのです。これにより組織のサイロ化を防ぎ、エンドツーエンドで最高の顧客体験を提供し、収益の最大化を目指すことができるようになります。

収益の最大化という観点では、RevOpsは財務や人事との連携も担っています。マーケティングや営業、カスタマーサクセスが行う対顧客活動以外にも、営業インセンティブの効果やこれらが財務データに与える影響など、内部的な活動も含めたプロセスやテクノロジー、データを統合し分析しているのです。

これらがRevOpsによって統合されない場合、次のような問題が起こり得ます。例えば、MOpsがあるマーケティングの効果分析を行ううえで、Salesforceの改修が必要であると認識したとしましょう。この改修を進めるにはSalesforceを主管するSales Opsに依頼する必要がありますが、役割のサイロ化が進んだ組織ではSales Opsから「なぜ私たちがこんなに工数をかけなければいけないのか」と反発を受ける場合もあります。このように本来「収益」という同じ目標を持つチーム間であっても、コラボレーションが難航しお互いのすれ違いが起きやすくなるのです。

このような状況を防ぐためにもMOps, Sales Ops, CS Opsのテクノロジーやデータ、そして収益プロセス全体の最適化を支援するRevOpsが重要視されているのです。

ビジネス環境の変化とリモートワークによるサイロ化のリスク

近年のSaaSやサブスクリプション・モデルビジネスの台頭という背景もあり、マーケティングと営業という以前からある役割に加えて、リテンションを維持するカスタマーサクセスの重要性が高まり、ビジネスプロセス間のサイロ化が進んでいます。さらに、テクノロジーの爆発的な増加に伴って、ツールの導入を急ぐばかりに全体の最適化を無視した不完全なテクノロジースタックを構築し、各オペレーションチームをますます疲弊させている企業もあります。

例えば、Sales Opsが導入したアプリケーションが原因でCRMの自由度が制限され、MOpsやCS Opsにも大きな影響を及ぼしてしまう、というケースはよく起こることです。

リモートワークへのシフトもこれに大きく影響を及ぼしています。リモートワーク下でのコミュニケーションが情報伝達力を低下させサイロ化のリスクを高めてしまっ

■ Googleトレンドによる「Marketing Operations」「Revenue Operations」の検索結果

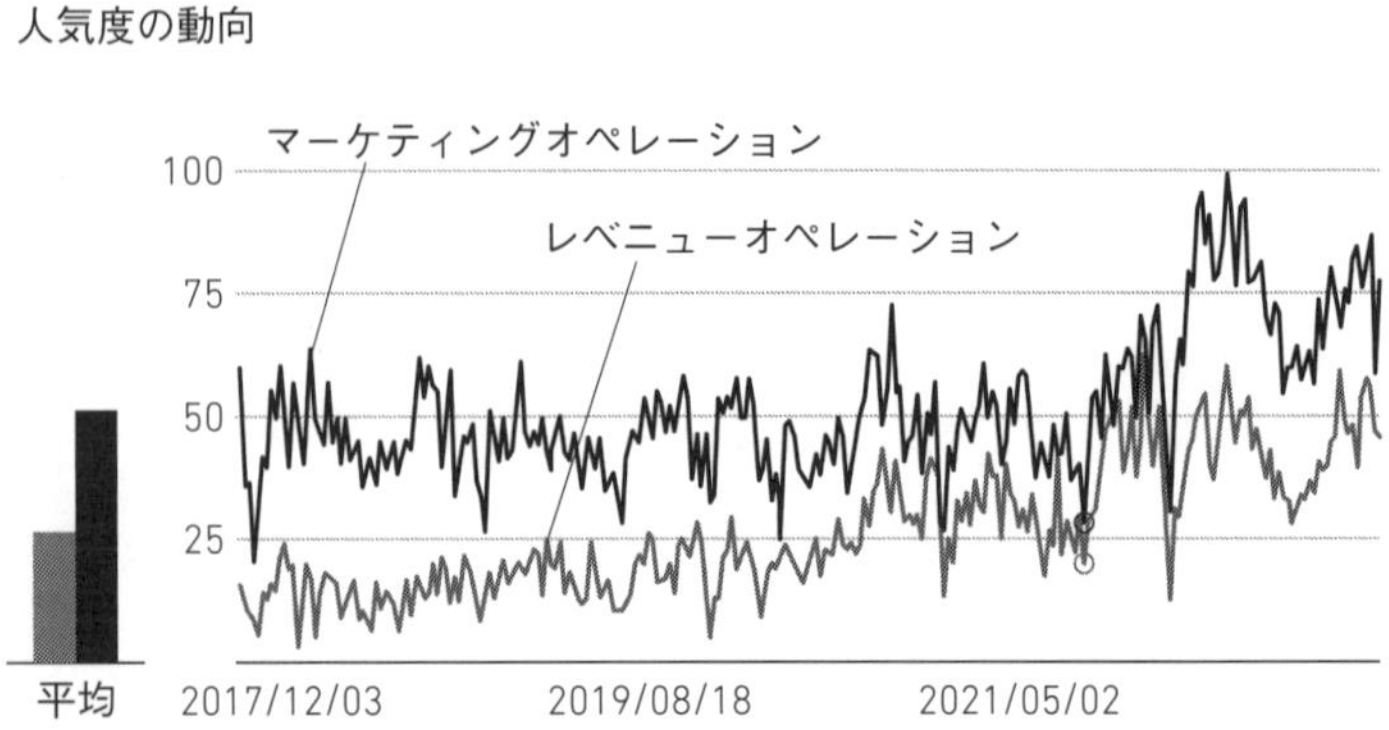

たとも考えられます。

Googleトレンドで「Marketing Operations」「Revenue Operations」といったキーワードを調べてみても、2021年の中旬から大きく検索ボリュームが増加していることがわかります。

マーケティング、営業、ITなどの業務は、これまでもサイロ化したテクノロジーやデータ、連携されないプロセス、共通指標の可視化の欠如などが大きな課題でした。しかし、ダイナミックに進化する現在のビジネス環境下において、この課題はもはや放置することができない問題になっています。このような背景もありRevOpsは注目され、急激なスピードでの導入が進んでいます。

2022年のWest Monroeの調査※によると、テクノロジーやソフトウェアのリーダーシップの大半（97%）がRevOpsを熟知しており、その多くが導入している、もしくは導入途中であると答えています。しかし、97%の人がRevOpsについて知っているにもかかわらず、調査対象のエグゼクティブはその定義に共通の理解を示していないこともわかっています。回答者の多くがRevOpsの機能としてデータ管理、組織の連携、意思決定の自動化など、様々な機能を挙げており、グローバルでもRevOpsの定義は未だ曖昧なのです。

※出所：West Monroe「The State of Revenue Operations in High-Tech & Software」
https://www.westmonroe.com/perspectives/report/the-state-of-revenue-operations-high-tech-software

02

RevOpsがチームのコラボレーションを強化し収益を最大化する

MOps、Sales Ops、CS Opsは全て収益を生み出すためのデータ、テクノロジー、プロセスを支援するために存在します。これらのチームを1つの旗の下に統合することで、戦略や目標に対して共通理解を持ち、その実現に向けた協力や知識の共有が可能になります。テクノロジーやデータのサイロ化を防ぎ、真に統合された収益プロセスを構築し、収益やROIの最大化を図るRevOpsは必要不可欠になってきているのです。**先ほど述べた通り、まだこのコンセプトは新しく定義もやや流動的ですが、RevOpsの代表的な役割を以下に挙げます。**

・**プロセスの整備**：マーケティングからカスタマーサクセスまで、レベニュー活動全体を通して統合されたプロセスの構築をリードします。これにより自動化による生産性向上はもちろんのこと、各チームのコラボレーションを加速させ、部門間の調整などにも積極的に働きかけます。

- **プラットフォームの整備**：組織内にサイロ化するデータを統合し、収益やパイプラインの状況、各活動の直接的・間接的なインパクトを可視化し、将来予測、戦略立案に活用できるような形にプラットフォームを整備します。

RevOps人材の適性

RevOpsを運用するうえで一番大きなチャレンジは人材の確保です。RevOpsを担う人材はテクノロジーとビジネス双方への深い理解はもちろん、部門間を調整するコミュニケーションスキルやリーダーシップも要求されます。組織の規模に応じてRevOpsチームを設立するか、既存のチームメンバーにRevOpsの責任を分散させるか検討が必要になります。**RevOpsを専門的に担当した人材は多くないため、Sales OpsやMOpsの人材がRevOpsを担うケースが増えるでしょう。**

人材の課題はこれからもMOpsやRevOpsについて回る問題です。一方でこれから

■ グローバルのソフトウェア産業の成長予測（2018年時点）

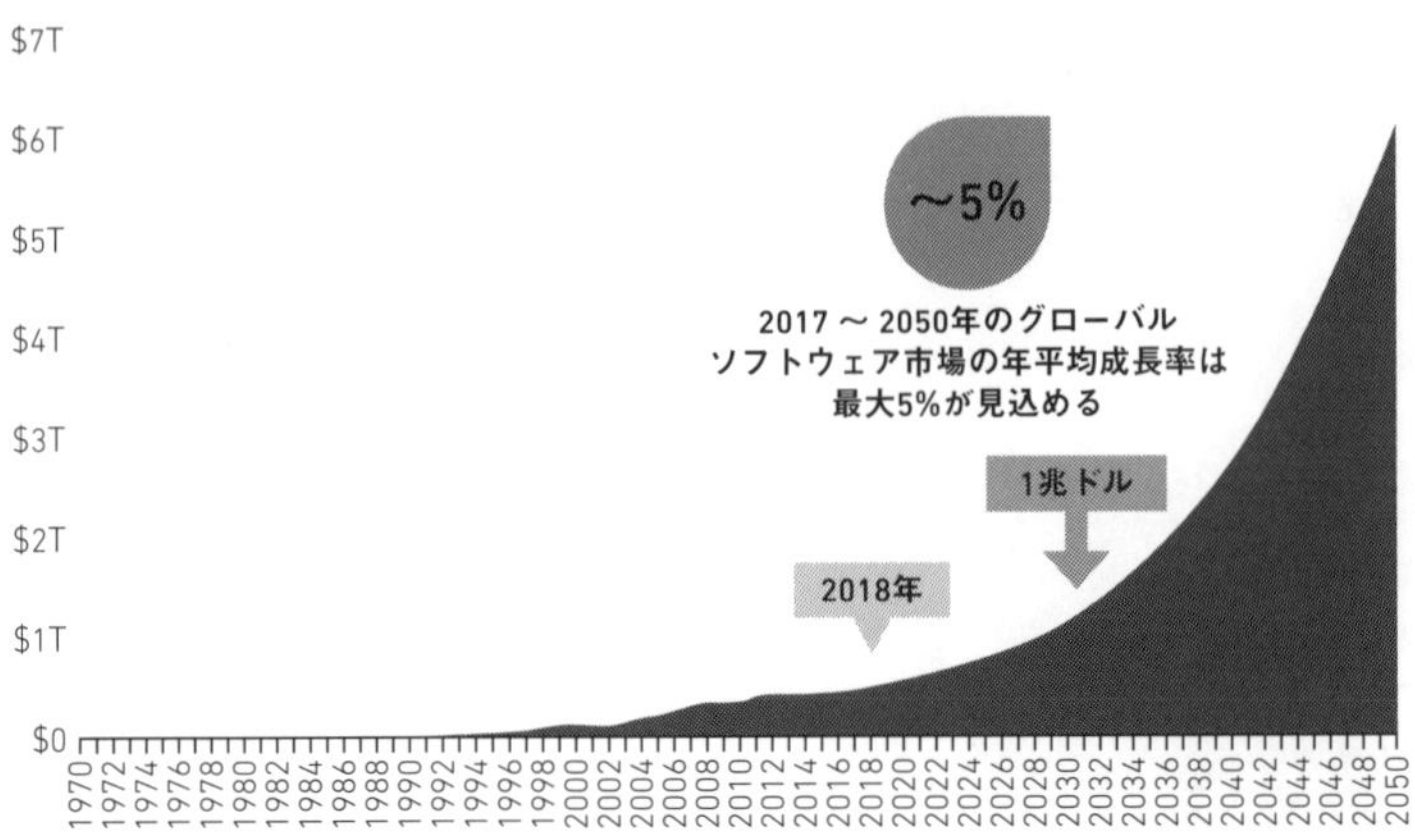

出所：Battery「Software 2018：Where Are We Now and Where Are We Going?」
https://www.battery.com/blog//software-2018-where-are-we-now-and-where-are-we-going/

MOpsやRevOpsを目指す人には大きなチャンスがあるとも言えます。テクノロジーがさらに進化するこれからの時代における需要は、加速していくからです。

　上図のように、２０１８年のバッテリーベンチャーによるグローバルのソフトウェア産業の成長予測ではＣＡＧＲ（年平均成長率）５％を想定しています。爆発的に増加するテクノロジーへの対応は企業成長の大きなテーマであることは疑う余地がありません。

03

マーケティングをオペレーショナライズするリスクとデメリット

MOpsを取り入れるリスクとデメリット

これまで本書を通じてMOpsという役割を取り入れ、運用することの意義やメリットをお伝えしてきました。MOpsの運用体制は組織によりそれぞれ異なりますが、デジタルがマーケティングの主軸になっている今、複雑化しているマーケティングツールの管理、ツールやプロジェクトマネジメントのプロセス構築、データマネジメントや分析、そしてこれらから集約したノウハウやベストプラクティスをチーム全体に教育するMOpsの重要性はいくら強調しても足りません。

一方で、本書でこれまで説明した内容を実行すると、多くの企業で大きな組織体制や仕事への取り組み方を変えることになるでしょう。それによるメリットは多い一方で、考慮すべきリスクやデメリットも存在します。**自社でMOpsという役割を確立するうえでどのような対応が必要か、以下を参考にしてください。**

マーケティング活動をデータ化することに対する抵抗感

第5章06節で紹介したように、マーケティング活動をプロジェクトマネジメントツールで管理し、生産性を上げるような流れを実現すると、現場から反発が起こる場合もあります。誰でも仕事のやり方が変わることには抵抗を覚えますし、自分のパフォーマンスが数値化、データ化されることに対して恐怖感を持つ方もいます。SFAが日本で普及した際も、営業活動の内容を全て記録するというアプローチに同じような反発がありました。

せっかくプロジェクトマネジメントツールを導入し、そのオペレーションプロセスを策定したとしても、チームメンバーがツールに記録せず対面で対処するケースが生じてしまうと、的確な生産性データを記録することができなければ、時間とコストをかけてツールを導入した意味がありません。

これらのツールは業務を効率的に行うためにあり、決して現場のマーケターの方を悩ませ、批判するためのものではないということを明確にコミュニケーションする必要があります。また、全てのマーケティング活動を記録するというコンセプトにチーム全体が慣れるまでは、**組織の中である程度権限のある方が責任を持って啓蒙活動を続ける必要があるでしょう**。

効率化が進む一方でタスク化される業務

これまで説明してきた通り、マーケティング施策の企画や実行を担当するマーケターと、ツールの管理やマーケティングプロセス全体を構築・管理するMOpsの業務は明確に分けられています。これまでメールの配信からコンテンツの執筆、ＭＡの設定、データの分析まで各自で行っていた体制から、それぞれの専門性を持った担当者が管理することで効率性や質は向上するものの、一方で業務の幅が狭まりタスク化してしまうという側面もあります。また、プロジェクトマネジメントツールを用いて管理することにおいても、**振られるタスクを機械的にこなす感覚になる方もいるため、ソフト面でのフォローが必要になります**。

あくまでもこれらのツールはこれまで行っていた施策を効率的に管理することで、本来マーケターが一番集中するべき施策の企画や実行に時間やクリエイティビティを投じられる環境を作ることが目的です。その背景を理解してもらい、そのメリットを体感してもらえるまでは、自社に合ったMOpsの運用の形や方法を模索する必要があります。

また、プロセス化することで効率を上げるのは重要ですが、最後までそれを動かすのは「人」です。数値やデータにこだわりながらも、オペレーションモデルやプロセスのその先には人がいることを忘れずに取り組むことが大変重要です。

MOpsの運用に正解の形はない

これまで紹介してきたMOpsの運用方法は全ての組織に当てはまるわけではありません。実現したいマーケティングの姿によっても変わりますし、専任を置くか否か、組織体制を整える方法はそれぞれの組織によります。

例えばスタートアップ企業のマーケティングチームが3名で、スピーディーに施策を展開したいと考えている場合、役割分担するよりもウェビナーやイベント、Eメールマーケティングなどの施策の企画から効果検証までそれぞれ行えるマーケターを集めた方が効率的でしょう。

MOpsという役割のニーズは、マーケティング活動をデジタルチャネルで行い、それを可能にするツールの導入やデータマネジメントが発生する時点で顕在化してきますが、その運用方法や形は組織の規模、フェーズ、体制、カルチャーによって変わりますし、MOpsが担うべき責任範囲も変わります。これからMOpsの需要が伸び、その人材にも大きな期待がされる中で一番重要なのは、MOpsのコンセプトを理解し、自社に最適な運用方法を模索することです。

04

ソフト面のスキルはどこまでいっても重要

ITやマーケティングの知識は当然のことながら重要ですが、組織の中でステークホルダーの気持ちを理解しプロジェクトを推進する共感力やリーダーシップといったソフト面のスキルも不可欠です。

例えば、ITとマーケティング、Sales Ops、CS OpsそしてRevOpsと非常に多くの役割の人とのコミュニケーションや調整力が要求されるMOpsにはファシリテーションスキルが必要です。米国のMOpsのリーダーシップが集まるカンファレンスで、ある方が「MOpsには難しいテクノロジーをわかりやすくマーケターに伝える努力が必要なのだ」と話していました。「みんながわかりにくい説明をしていると、コミュニケーションの問題が発生したり、そもそも目指していた方向性から外れてしまう」ということでした。ソフト面のスキルやマインドセットの育成も大きなテーマの1つと言えます。

筆者（丸井）はありがたいことに、このファシリテーションやステークホルダーの調整に苦手意識がありません。文系出身でもともとマーケティングだけでなく営業の経験もあります。人見知りではあるもののコミュニケーションに大きな苦手意識はなく、社内調整も喜んで行います。かつて所属した日系企業でオンプレミスのシステムをクラウドに移行させるような大きなプロジェクトのリーダーを任された際には、数百名にわたるステークホルダーを調整しながら、ＡＰＩで様々なシステムと接続できるデータマネジメントの環境を構築していきました。当然途中には諦めたくなる日も泣きそうになる日（正直に言うと屋上で泣いていましたが）もありましたが、なんとかやり切ったという経験は今も自分自身にとって大きな財産になっています。

営業職の方にも将来のMOpsへのキャリアのチャンスがあると考えられます。

実際に日本で成功しているマーケターの多くは営業経験を持っており、押し並べて高いソフトスキルを持っています。これらの人材はMOpsのリーダーシップ候補となるスキルを持っていると言えるでしょう。

05

IT人材には大きなチャンスが到来している

第1章のコラムでも解説した通り、2022年のMartech Salary and Career Surveyの調査ではMOpsを含む、マーケティングプロセスの統合をリードする人材（通称Maestro）の給与は従来のマーケティング担当よりも26・6％高いというデータも出ているほど、人気で需要の高いポジションになっています。**このMOpsを含む人材に必要なスキルとして重要なポイントはテクノロジーに精通していることです。**

マーケティングのみならず収益の最大化において、もはやテクノロジーの活用は不可欠です。そしてそのテクノロジーの活用や、データを統合するスキルを従来のマーケター、営業でまかなうことはもはや不可能になっています。

IT部門が主導でマーケティングや営業、カスタマーサクセス部門を支援するという方向性も考えられますが、複雑なビジネス環境や専門性の強化、ジョブ型の雇用形態が進むこれからの日本において、ある程度の専門性を持つことが重要になってくるでしょう。

日本のほとんどの企業がテクノロジーの活用に課題を感じている一方、これらの専門職の必要性に気づいている企業は多くはありません。

テクノロジーを活用できる組織モデルを実現するには、技術的な知識を持つ優秀な人材を各ビジネス領域へ配置することが必要ですが、**この人材の出所として今最もポテンシャルを秘めているのが、ＩＴ人材です**。２０２０年のヒューマンリソシアの調査※では、日本のＩＴ人材は１３２万人、国別のＩＴ人口では4位に位置しています。同調査では米国で５１４万人、中国で２８１・４万人、インドで２２６・７万人とＩＴ先進国家と比べると大きく差があるように思いますが、人口比で考えると日本のＩＴ人口は決して少ないわけではありません。

一方で、デジタルマーケティング人材は数万人程度にとどまると言われています。つまり、本書で解説しているMOpsやRevOpsを担える人材をマーケティング人材だけで補うのには限界があり、テクノロジーに精通したＩＴ人材の活用も極めて重要です。さらに、米国では事業会社内でMOpsやRevOps人材を確保しているのに対し、ＩＰＡ『ＩＴ人材白書２０１７』（独立行政法人 情報処理推進機構）によると日本のＩＴ

※出所：ヒューマンリソシア「2022年度版：データで見る世界のITエンジニアレポートvol.5」
https://www.athuman.com/news/2022/15713/

人材の7割強がIT企業に在籍しているとのデータからも、外部のIT企業に依存せざるを得ない現状の構造が浮き彫りになっています。内製化・外製化についての議論は常にありますが、自社のナレッジの蓄積やプロセスの標準化、そして実行の俊敏性という観点では内製化に利点があります。コンサルタントなどに外部委託をして成功事例を作っても、自社人材だけでは思ったように運用できないという場合も多くあるでしょう。

ITシステムを保守・メンテナンスするIT人材より、ビジネスを理解し攻めの収益モデルを構築できるIT人材が求められる時代に入っています。そして、企業にとって一番の課題は優秀な人材の獲得になっているのです。

人的投資の低迷が続く日本

日本経済新聞の2022年6月7日の記事「骨太方針決定『人に投資』3年4000億円　世界水準には差」によると、**これまでの日本の人的投資への取り組みは手薄だったと指摘されています**。内閣官房の調査によると、企業による人への投資額は国内総生産（GDP）比で10～14年で0・10％にとどまり、米国（2・08％）やフ

■ 各国の人的投資額（GDP比）

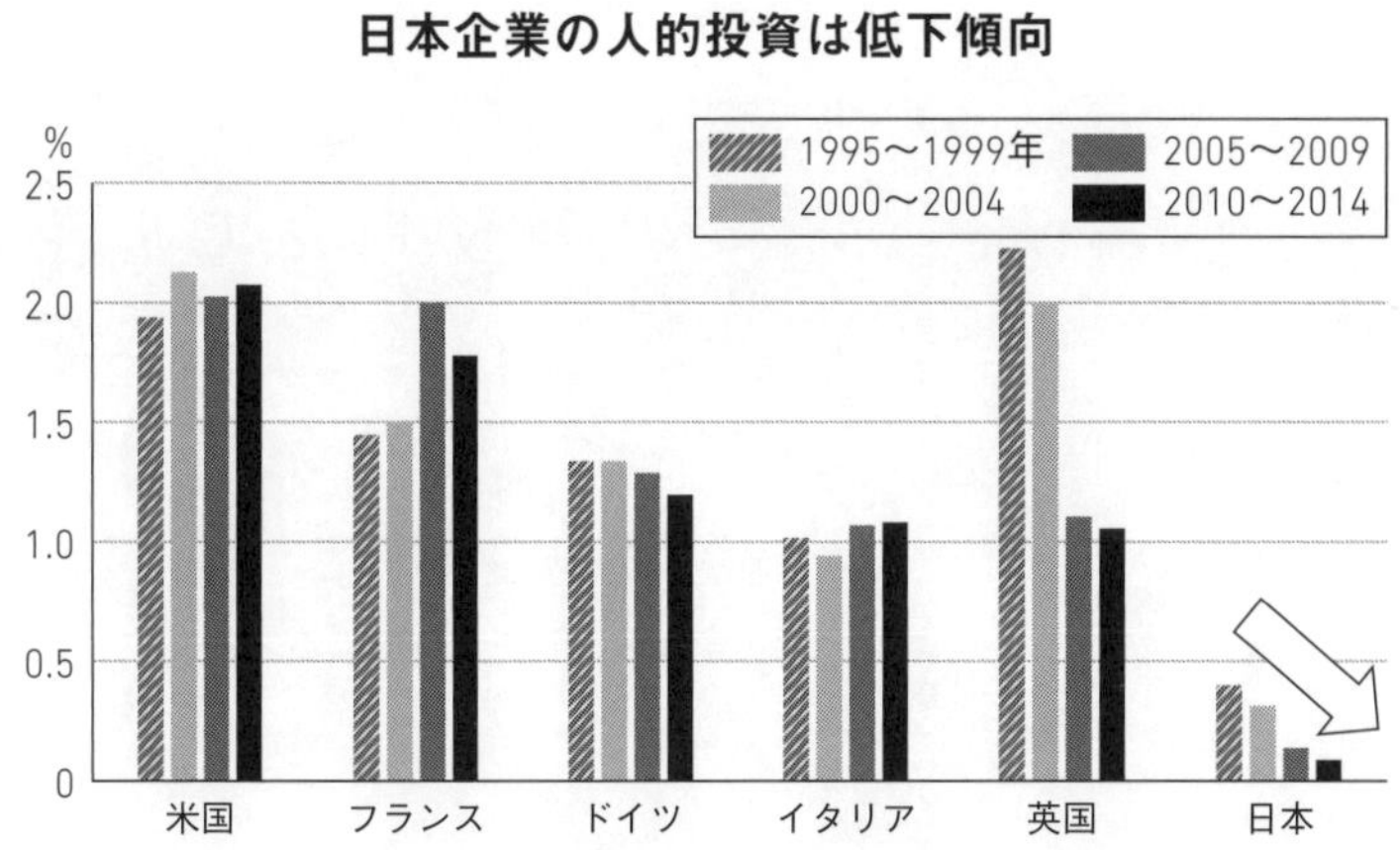

出所：内閣官房 新しい資本主義実現本部事務局「賃金・人的資本に関するデータ集 令和3年11月」

ランス（1・78％）に比べ圧倒的に少なく、日本は右肩下がりで差が拡大しています。

筆者の経験からも調査結果と同じことが言えます。私が前職アドビで勤務をしていた頃は、従業員が自ら学べるラーニングコースが多数用意され、さらに外部のビジネススクールやセミナーへの参加費用にも多額の支援がなされていました。自主的に学ばずとも、四半期に一度程度は本社の人材担当から課題が出され、その理解度を問う試験も頻繁に行われていました。学びの機会を会社が提供してくれるのです。

一方、日本企業で勤務した際には、セキュリティなど一部のトレーニングはあるものの、その量は圧倒的に少なかったと言わざるを得ません。

今日本では国民のデジタルリテラシー向上に向けて、リスキリングを代表に様々な制度や支援が整備されつつあります。それに伴って企業の人的投資も加速すると思われます。この動向に期待するとともに、**ＩＴ人材の活用についても併せて見直すタイミングが来ているのではないでしょうか**。

日本が抱える１００万人以上のＩＴ人材の事業会社への移行と内製化を推進しながら、ＩＴ人材にビジネス分野の知識のトレーニングを実施し、MOpsやRevOps人材として育成するという業界全体の変革、自社の人材に積極的に投資をするという企業単位の姿勢、そして自身のキャリアアップのためにも専門的なビジネス理解を得ようとする個人単位の姿勢が相重なることで、これからの企業成長はもちろん、個人のキャリア形成に大きな影響をもたらすことでしょう。それだけ大きな変化、そしてチャンスの中に私たちはいるのです。

第8章

MOpsリーダーズの実例インタビュー

再現性の高い組織的なマーケティング運用を実現

―旭化成株式会社

石川　栄一

石川　栄一　旭化成株式会社　デジタル共創本部ＣＸテクノロジー推進センター　センター長

経営学修士。大学卒業（高分子学）後、旭化成工業（現旭化成）に入社。医薬部門（現旭化成ファーマ）に所属し、医療用医薬品の営業に従事。その後プロダクトマネージャーとしてマーケティング・営業推進を担当。２０１２年より市場調査並びにデータ分析、ＳＦＡ・ＢＩ開発運用の責任者。２０２０年にデジタルマーケティング組織が発足し、新規ＳＦＡの開発とウェブサイトの立ち上げをリード。２０２２年４月より現職。

■オープンバッジ制度でデジタルスキルを底上げしＤＸ人財を育成

旭化成は「DX Vision ２０３０」というビジョンのもと、２０２１年４月に組織的にＤＸ推進を行うデジタル共創本部を設立しました。当本部では、デジタル人財育成に向けたＤＸオープンバッジ制度を設け、**デジタルマーケティングはもちろん、基盤**

■ オープンバッジ制度

レベル1 Knowledge	レベル2 Skill	レベル3 Experienced	レベル4 Expert	レベル5 Thought Leader
基本を理解している	業務で活用するスキル・知識を保有している	業務改善などに実際に活用することができる	事業の競争優位力を強化することができる	組織・事業の変革をけん引することができる

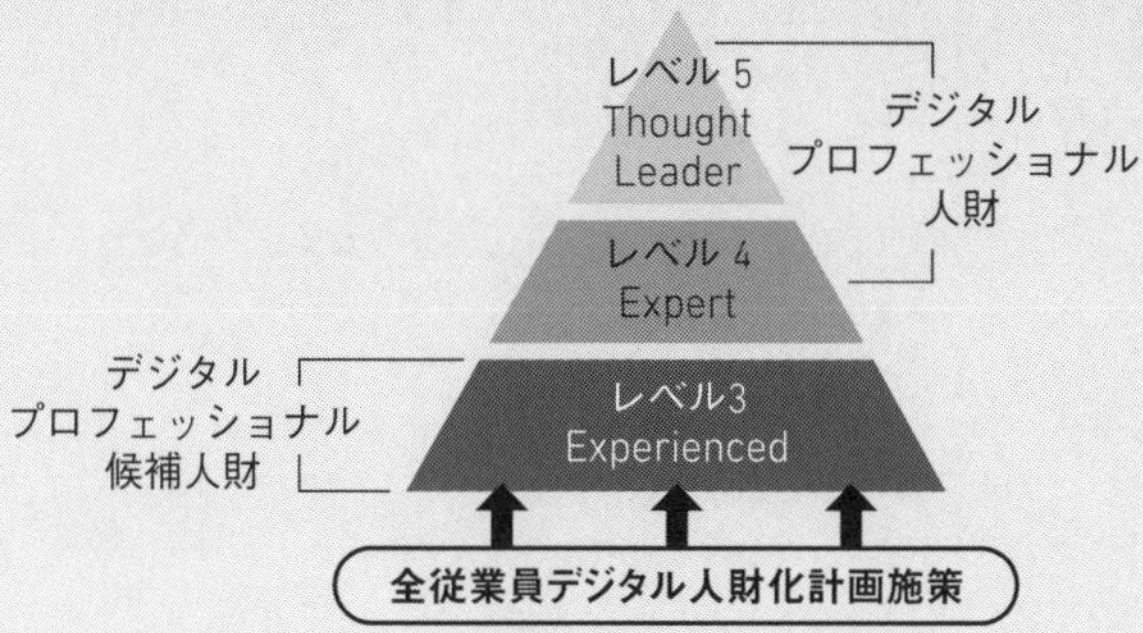

システムや研究開発、製造分野に関わるデジタル人財の育成に取り組んでいます。

この制度は5段階にレベルが分かれており、2024年にはグローバルを含む全従業員4万6000人がレベル3まで取得することを目標として、全従業員のデジタル人財化を目指しています。レベル4、5にあたるデジタルプロフェッショナル人財に関しては2500人、さらに上級の高度専門職については300人育成する目標を掲げています。

人財育成は一朝一夕でできるものではなく、長期的かつ継続的な取り組みが必要です。DXは、これからの企業成長には欠かせない投資であり、人こそ競争力の源泉であると考えています。旭化成では中期経営計画にも人「財」トランスフォーメーションを掲げており、人財育成がデータやツールの活用につながり最終的にお客様の体験価値の向上を実現できると確信しています。

■三方向のアプローチで整備されたマーケティング教育体制

専門性の高い分野では、特に人財育成が重要であると考えました。そこで、旭化成グループ全社のマーケティング部門を中心に、現状のマーケティング力を把握するためにアセスメントを実施しました。その結果、体系立てた教育システムの必要性を痛感しました。

そのため、オープンバッジ制度でマーケティングを実践する際に必要な知識のインプットを図ると同時に、知識のアウトプットを行うためロールプレイング形式のセミナーの開催を準備しています。さらにマーケティング業界の有識者を招いた社内講演会で知識に厚みをつけて実務の高度化を試みています。

このように三つの教育・研修体制を整備し、人財育成に取り組んでいます。オープンバッジ制度のレベル4を取得し、デジタルマーケティングのプロフェッショナル人財となった従業員には知識のみならず、各マーケティングチャネルの運用方法全てを統合管理して、効果的な戦略や戦術立案ができるスキルを身につけてもらえるように、外部ベンダーの協力の下、レベル5のコース開発を進めています。

■ビジネス環境の変化に対応するためのMOMプロジェクト

グループ会社の旭化成エレクトロニクスでは、オープンバッジ制度に加えてMOM（マーケティングオペレーションモデル）プロジェクトに取り組んでいます。デジタルマーケティングを組織的に実践することや、ツールを効率的に活用する仕組みを作る重要性は以前から感じていました。2020年初頭からコロナ禍で対面営業が困難になり、新規顧客開拓をデジタルで行うニーズがより一層高まったことで、本格的に取り組むようになりました。

MAの高度化を実現するために、オペレーションを担う人財に対して積極的に投資するべきだと判断しました。そこで、2022年よりゼロワングロース社の協力を得てMOMの構築プロジェクトに着手したのです。

MOMプロジェクトでは、既存ツールの運用方法の見直しや新しいツールの導入だけではなく、マーケティング組織の体制整備と、MOpsの担当者に対する育成を同時に行っています。

MOMを取り入れることでレベニュープロセスの最適化マネジメント、施策を効率的かつ組織的に運用するための施策マネジメント、そしてマーケティングチームの生産性を向上させるマネジメント体制が整い、マーケティングを組織的に実践する再現性の高いオペレーションの構築が進んでいます。このプロジェクトでは体制を整備するだけではなく、その背景を理解し、実際に自分たちで運用するために必要な教育も並行して行っているため、自社で実践していくための手法を定着させることができています。

■ 今後求められるデジタル活用と人財への投資

日本の労働生産性はOECD38か国中27位であり、時間当たりの生産性は米国に比べると6割程度に留まります※。今後さらなる少子高齢化で労働リソースが限られてくる中で日本企業が生き残っていくには、デジタルを最大限に活用すること、そしてデ

※出所：公益財団法人 日本生産性本部「労働生産性の国際比較 2022」
https://www.jpc-net.jp/research/detail/006174.html

ジタル人財の育成に尽力することが必須だと思います。これまで作業に割いていた労働リソースをデジタルツールで代替し、新しい価値の創造に回すことこそDXの意義だと考えています。

特に、製造業の領域においては、これまでのようにプロダクトアウトで売れてきた時代とは異なり、マーケティングはもとより営業活動の価値を高めなければ勝つことができなくなっています。マーケティングと営業の分業・協業モデルを通して生産効率を高め、さらにデジタルツールを使いこなすことで効率的かつ再現性の高いオペレーションを実現することに業界全体で取り組むべきでしょう。

その中で、グローバル目線でマーケティング戦略・戦術の計画、実践ができる人財の育成がより重要になってくると考えています。

弊社は今後、旭化成エレクトロニクスで現在取り組んでいるMOM構築を1つの成功事例として確立させ、グループ全体に展開していきます。MOMの展開を通じて、マーケティングレベルの底上げと再現性の高いオペレーション体制の実現を目指していきたいと考えています。

MOpsが作るデータドリブンなマーケティングの可能性
―Coupa株式会社

湯原　良樹

湯原　良樹　Coupa株式会社　シニアマーケティングマネージャー
ITコンサルティング会社にてCRM／ERP／ECシステムの構築支援、デジタルマーケティング戦略の支援などを経験後、外資系スタートアップ企業にてマーケティング全般を歴任。現在はCoupaにてビジネス支出管理（BSM）ソリューションCoupaのマーケティングに従事している。

■IT、マーケティング全般を経験し、MOpsの知識を培ったキャリア

私は日系のITコンサル企業でCRM関連製品・サービスのITコンサルタントとしてキャリアをスタートしました。システム導入や構築をする中で基礎的なITの知見を培った後、マーケティング領域にも取り組むようになり、当時日本ではまだ入っ

てきたばかりのＭＡの導入や運用を担当しました。当時はMOpsという概念こそ知らなかったものの、組織的なマーケティング運用ができる仕組みづくりの重要性は常に意識していました。

その後はもっと踏み込んでＭＡを活用したい、再現性の高いオペレーションモデルを実現できるような活用方法をしたいという気持ちからMOpsの担当者としてＭＡベンダーに入社しました。MOpsの役割は本社に集約されていたため、米国本社でのトレーニングを経て業務を開始しましたが、数百名の組織を支えるオペレーションのあり方や日々の業務に落とすためのシステムへの実装、アトリビューション分析のあり方など、非常に多くのことを学ぶことができました。

またグローバルの知見だけに頼らず、日本固有の課題に取り組む中で、MOps責任者として多く権限を獲得しビジネスの成長に尽力しました。その後転職した外資系のＩＴベンダーや、現在マーケティングを担当しているＣｏｕｐａでも、マーケティング業務全般を行うと同時にMOpsを通じた再現性のある仕組みづくりに注力しています。

■マーケティングの効率を高めたいならMOpsが必須に

MOpsについては企業規模やマーケティング組織の規模に関係なく、マーケティング施策の効果を正しく計測したい、効果の高い施策に投資を集中したいなど、マーケティング効率を高めたい場合に必要になる役割だと考えています。

しかし、MOpsのモデルや運用方法に1つの正解はありません。組織のサイズ、ターゲット層、インサイドセールスや営業などビジネスプロセスに関わる人の数や成約までの平均期間、実行する施策やチャネル、投資対効果の考え方など、様々な要因によってツールの選定やアトリビューションの考え方によって、構築すべきオペレーションモデルの形も変わります。

そのためMOpsには自社のビジネスモデルを理解したうえで、収益効率の向上に貢献できるシステムグランドデザインを構想し、最適なツールを選定、運用することが求められています。**その成功を左右する要因の1つとしてITスキルがあると私は考えています。**システムの構想、選定においては、各ツールの機能を比較するだけではなく、将来的な拡張も見据えられる構造になっているかなど、ツールを理解する力も求められます。運用においては問題が発生した際に原因を紐解いて解決できる力、新しいチャネルや施策を検討する際の技術的な検証をできる力など、IT知見の有無がMOpsの実効性やレベルに影響します。

MOpsの仕事内容は複雑であり、マーケティング施策の企画や実行とは異なるスキルセットが必要なため、マーケターがIT知識を身につけることはもちろん、IT人材のマーケティング分野への登用もさらに進んでほしいところです。**本来専任を置くのが理想的ですが、難しい場合もその役割の重要性を理解し、人材を確保・育成していくことが必須になるでしょう。**

■個人の勘や記憶だけに頼らない、データで実証する仕組みづくり

どの会社でもMOpsを立ち上げる際は、既存データの紐解きと関係者へのこれまでの営業、マーケティング活動における成功体験、失敗体験のヒアリングを通じて、定量・定性の両面から現状把握することが重要だと考えています。そのうえで、自社にとって重要なマーケティングアトリビューションを可視化するためのデータソースや各施策のパフォーマンスデータを管理する体制の整備、データが正しく蓄積、利用さ

れ続けるための仕組みを確立します。

正しく蓄積されたデータをもとにアトリビューションの可視化、分析を行うことで、よりＲＯＩを意識した投資判断ができます。人の入れ替わりや組織変更があっても常にデータを綺麗に保ち、一定レベルのオペレーションを担保できる仕組みを作ることは常に意識していますし、マーケティングはもちろんインサイドセールスや営業担当がデータの扱いで判断を迷ったり、非効率になったりしないよう、必要なデータの整備とその扱い方の定着には時間をかけています。

このような仕組みを作ることで個人の勘や記憶に頼る状態から、データに基づく議論やマーケティング戦略の実行ができるようになります。活動のレベルが飛躍的に高まり、成功の再現性も高まるのです。

■ MOpsは現場で挑戦し続けることで学びを得る

MOpsのスキルに関しては過去に米国で受けたトレーニングや実務での経験、そして1社目で得たＩＴの知見が大きな資産になっていると感じますが、日々蓄積されるデータや現場からの声も重要なインプットになっています。

国内外のマーケティングに関するニュースや書籍、他社のマーケターなどから手法や考え方について学ぶことも多くありますが、**自社のビジネスに最も有効な情報は現場にこそ存在していると考えています。**

インサイドセールスや営業担当、お客様などとの対話からインサイトを得て、「過去の成功例に再現性を持たせるにはどうすれば良いか？」「データで表現できないか？」などと考えながら試行錯誤していく中で、これまでも多くの学びや経験を得られています。

今後も積極的に学ぶ姿勢を持ち、自社のビジネス成長に必要なアップデートを続けながら、個人的にはMOpsという役割やポジションの重要性を日本で定着させるために貢献していきたいと考えています。

事業フェーズや規模に合ったマーケティング運用体制の追求
―株式会社スマートドライブ

石野　真吾

石野　真吾　株式会社スマートドライブ　CEO補佐 事業開発統括 兼 CMO

慶應義塾大学薬学部卒業後、医療系コンサルティング会社へ入社。医療介護機関向け動画コンテンツの新規事業の立ち上げを行い、2013年にSansanへ入社。テクノロジーを活用した業務改善や営業企画を行った後、マーケティングの仕組み作りを行い、2017年6月よりマルケトにてセールス&マーケティング分野におけるテクノロジーの活用や新しいテクノロジースタック開拓を推進。2019年アドビにて新製品の日本展開のプロダクトマーケティングマネージャーを担った後、スマートドライブで先進技術事業開発を担当し、現在は事業開発とマーケティング組織の責任者を兼任している。

■多様な経験を経て事業開発とマーケティングの両輪を担う

新卒で入社した医療系コンサルティング会社から現在のスマートドライブまで、事業開発やカスタマーサクセス、バックオフィスやマーケティングなど組織の様々な部署を経験し、テクノロジーを活用した企画やオペレーション改善に従事してきました。現在スマートドライブでは多様なバックグラウンドを持つ少数精鋭のマーケティングチームを率いながら事業開発の統括も担当しています。

■ 事業フェーズに適したマーケティングの組織体制と運用プロセス

適切なマーケティング組織の形やオペレーション体制は事業フェーズや規模、メンバー構成などによって大きく変わると思います。スマートドライブはこれまで専門性を持った少数精鋭のチームでマーケティング業務を分担して行ってきました。

組織がさらに成長し、プロダクトマーケットフィットが確立した市場で事業を拡大するタイミングではMOpsチームで専門的に運用することが理想的かもしれません。一方で、少数精鋭で負荷をあまりかけずに市場を拡大していきたい過渡期では、将来リーダーを担う各メンバーがマーケティング施策の企画から実行、データ分析や効果測定まで行えるフルスタックマーケターとなることが大変重要だと考えています。

そのため、**スマートドライブでは専門性と視野の広さを兼ね備えた「T型人材」となることにチーム全体で取り組み、メンバーには自身の担当チャネルからのSQL創**

出をKPIとして、予算の申請から成果の検証まで責任を持って実行してもらっています。そのうえで私が次ページの図のようなマーケティングテクノロジースタックやプロセスの構築、チームへの教育など、従来MOpsが担う組織全体に影響を与える役割を担当しています。MOpsの運用スタイルとしてはユニークな形だと思いますが、自社のフェーズとニーズにマッチした組織体制を実現できていると考えています。

■ 再現性を重視したマーケティング運用体制

スマートドライブではマーケティングに限らず全社で再現性のある仕組みの構築とテクノロジーの活用に力を入れており、**定義（社内用語や測定方法に関する定義を明確化すること）、測定（自社に適切なテクノロジーを活用すること）、管理（投資対効果とボトルネックを把握すること）、改善（スループットの改善）という4つのステップを徹底しています。**

マーケティング活動においては、全員が再現性を持って使用できるシンプルかつ効果を最大化できるマーケティングテクノロジースタックの構築やオペレーションの整備に力を入れています。

レベニュープロセスの設計においても、MQL・SQLなど様々な指標がある中で

■ スマートドライブのマーケティングテクノロジースタック

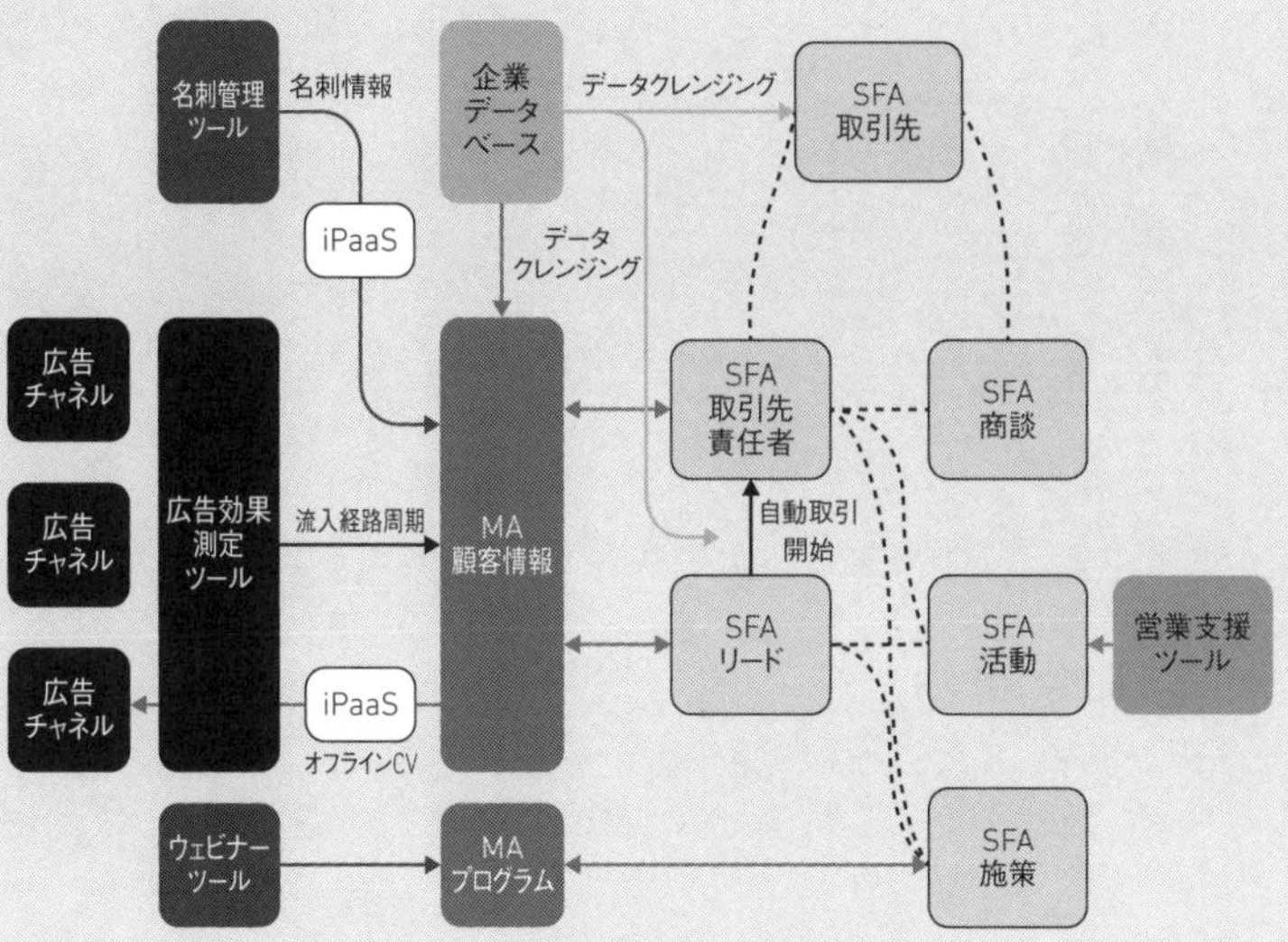

その指標自体の定義がそもそも適切か、その指標が受注に対する先行指標として機能しているかを常に意識しています。

一度プロセスを決めるとそれをやみくもに追ってしまいがちですが、これらの指標の適切な定義は常に変わっていくものだと思いますし、それを念頭に置かなければ実施したマーケティング施策がパイプラインや受注につながっているかを適切に判断できなくなってしまいます。

そのため、マーケティングアトリビューションにおいてはファーストタッチもラストタッチも確認し、常にボトムラインに対するマーケティングの売上貢献を意識しています。

■ 仕組み化の落とし穴と人を尊重したオペレーションの重要性

現在スマートドライブでも仕組み化を進めていますし、日本でもプロジェクトマネジメントの概念やMA、SFAの活用が一般的になりましたが、これまで私は組織の実情に合わないプロジェクトマネジメントが先行してしまったケースも見てきました。仕組み化の目的は、目標達成の割合や件数で管理することだけではありません。プロセスの実行もオペレーションもお客様も全て人であり、プロセスの先に人がいるという当たり前のことを忘れてはならないのです。緻密な仕組みを作り自動的にデータを出してもそのデータの背景や意味が理解できなければ本末転倒ですから、私はプロセスよりもそれを実行する組織作りや、自分たちの事業フェーズに合った管理体制を設計することを大事にしています。

仕組み化の落とし穴にハマらずにきちんと人と向き合ってオペレーションを構築・改善するため、マーケティング施策のあらゆる場面で深掘りすることを心がけています。例えばコンテンツマーケティング1つをとっても手当たり次第にコンテンツ制作を続けるのではなく、見込み顧客にアンケートやインタビューを実施し、彼らが抱えている課題を理解し顧客解像度を上げることで顧客の役に立つコンテンツを作成し施策のクオリティを上げたり、展示会では見込み顧客との接点を最大化するためのブースの位置や人材配置などを試行錯誤し、マニュアル化したりしています。

このように深掘りをしていくと泥臭い作業が伴うこともありますが、理解度を深めるうえで重要な定性的な情報をインプットすることができ、私たちはテクノロジーツールが提供してくれる定量的なデータと合わせて全体改善をスピーディーに行うことができています。

今後もT型人材を育成することでチームメンバーの活躍の幅を広げながら、組織の成長カーブやフェーズに合わせて最適なマーケティング運用の形を模索していきたいと考えています。

ITインフラエンジニアの経験を生かしたMOpsモデルの構築
―株式会社マクニカ

堀野　史郎

堀野　史郎　株式会社マクニカ　コーポレートマーケティング統括部長

国内外のエンタープライズ向けソフトウェア・クラウドベンダーにてマーケティング・事業開発にマネジメントとして長く従事。2018年マクニカに入社し、現在は、コーポレート部門と事業部門の両方のマーケティング組織でマネジメントを担当。日本データマネジメントコンソーシアム表彰部会のリード役、皇學館大学特別招聘教授を務める。成城大学文芸学部芸術学科卒業。英国Aberystwyth大学 MBA修了。

■ITからMOpsの世界へ

私は大学卒業から今まで、ITインフラエンジニアとマーケティング両方の領域で様々な経験をしてきました。

新卒で入社したB2Bメディアの出版社では電子書籍事業の市場分析・プロモー

ションなどを担当しましたが、徐々にＩＴ業務に興味を持つようになり、社内ＬＡＮの構築や簡単な顧客管理システムの構築、システム運用で発生する名寄せ※業務などを通じて徐々にＩＴの世界に飛び込んでいきました。その後もグローバルなアドテクノロジー企業において社内ＩＴやアドサーバーのデータセンター運用など様々なＩＴの経験を積みました。

さらにマーケターとして本格的にキャリアを発展させたいという気持ちから英国の大学院でＭＢＡを取得し、卒業後は日本や外資のソフトウェア企業などで広報やリードジェネレーションとマネジメント、ブランドローカライズプロセスの設計、ウェブ制作、インサイドセールス、アナリストリレーション、そしてＩＲなどマーケティングの幅広い職務を担当しました。

そして、クラウドシステムを全体最適化してマーケティングプロセスを集中管理することや、マーケティングを仕組み化し効率的なオペレーションを構築する中で、MOpsの重要性や組織に与える影響の大きさを感じ、現在はマクニカでMOpsの構築とセールスイネーブルメントの領域に取り組んでいます。

※住所や電話番号から同一の人や企業のデータをまとめる作業

■多数の商材を持つ事業にフィットしたMOpsモデルの模索

これまではデータクレンジングのオペレーション作りに尽力してきました。データは綺麗にすることで初めてその価値が生まれます。弊社ではリードデータをERP上の売上データや既存顧客データ、そして市場データと照らし合わせて、ターゲット層をどれだけリードや顧客につなげられているのか調査することで、**本当に必要な施策に予算を割り振れるようになりました**。当初は社内のステークホルダーのマーケティングに対する認識を一致させることに苦労しましたが、マーケティングの効果を実証していく中で徐々に理解を得られるようになりました。

MOpsの領域では、MAツールやCRM、CMSはもちろん、様々なポイントソリューションを組み合わせながらマーケティングテクノロジースタックを構築、管理しています。

また、施策はプロジェクト管理ツールで運用しており、これら全てのマーケティングテクノロジーツールの管理やデータマネジメント担当のキャリアパスも現在体制を整えているところです。

■ テクノロジースタックの構成

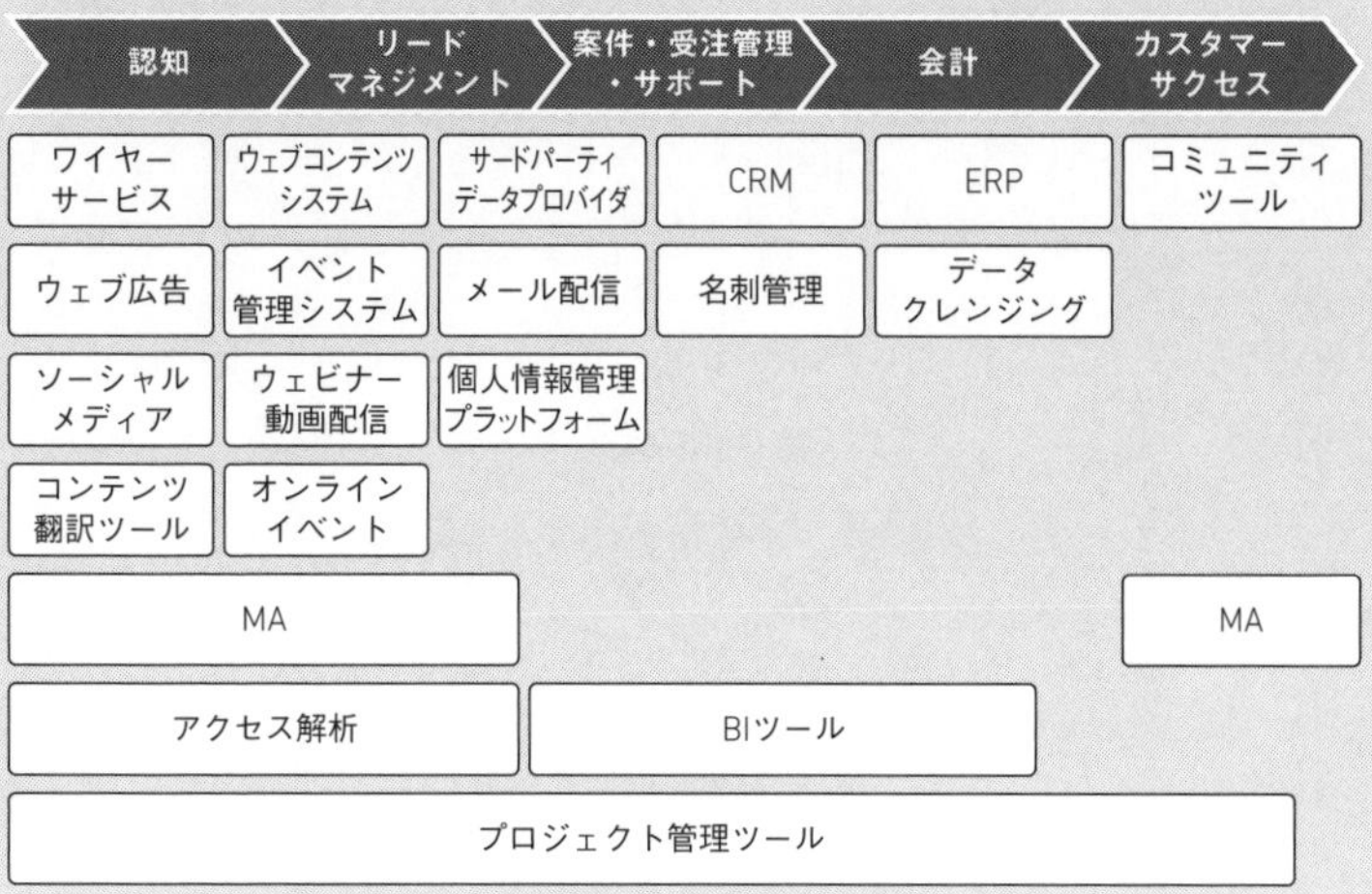

また、リードマネジメントとパイプラインマネジメントを整え、再現性のあるセールスイネーブルメントモデルを構築することにも取り組んでいます。課題を見える化して全社単位で基本となるプロセスを確立することで全体最適化を促し、弊社のような数多くの商材を持つ事業に適切なモデルを立ち上げる支援がしたいと考えています。

■ MOpsが組織にもたらすメリット

MOpsのメリットは、多岐にわたるマーケティングツールを集中管理して全体最適化を進められること、事業部などを超えて重複投資がなくなること、そして個人情報の規制が高まる中で集中管理するためのガバナンスモデルを確立できることだと思います。

扱う個人情報が多いマーケティング部門では事業ごとに個人情報の管理・運用方法が異なるケースも多く、法令遵守を心がけていても信用の失墜につながる可能性もあります。弊社ではそうした事態を未然に防ぎ適切な運用をするための集中管理の体制作りや人材の育成にも力を入れています。

■国内外のノウハウを持つMOps育成への挑戦

国内ビジネスではパイプラインマネジメントのプロセス整備から標準化された精度の高い売上予測ができるようにすること、そしてその前工程のリードマネジメントのプロセスを継続的に最適化することに集中していきます。海外ビジネスでは現場の利便性も考えながら個人情報のデータベースなどを集中管理することでプロセスを標準化し、適切にマーケティングパフォーマンスを評価できるようにしたいと考えています。

また、これらをしっかり理解してマーケティング施策を運用できる人材の育成にも力を入れ、国内や海外から人材をローテーションしてノウハウを共有しながら強いマーケティング組織を構築したいと思っています。

現代のデジタルマーケティングはテクノロジーと切っても切れない関係です。今後もテクノロジーに精通した人材はマーケティング部門に必要不可欠な存在となるでしょう。私のようにＩＴの領域からマーケティングにキャリアを移す人はまだまだ少ないですが、**こうしたキャリアパスができる仕組みを整備することも重要だと思います**。これからもMOpsに力を入れて取り組みながら、組織的なマーケティング運用に尽力していきたいと思います。

おわりに

本書をお読みいただき、誠にありがとうございます。本書が皆様の業務に少しでもお役に立てれば、これ以上幸せなことはございません。

MOpsは、マーケティング活動を効果的かつ効率的に実施するための重要なコンセプトであり、データやテクノロジーの活用が必須と言える今日のマーケティング環境において、ますます重要性が高まっています。直近ではChatGPTの登場でグーグルを含めた今後の検索エンジンのあり方が大きく変化をしようとしていることもそうですが、テクノロジーの進化はまだ始まったばかりで、今後加速度的に進化していくことが予想されています。

一方、本書で紹介した基本的なフレームワークはこの15年間大きく変化していません。「守破離」という言葉がありますが、どのような分野でもまずは基本を押さえる、そのうえで自社に最適なものを取り入れ、独自性を構築していくことが重要です。本書ではこの「守」、基本の部分を全体的に理解していただけるよう執筆をしましたが、変化の早い現代においては、最新の情報をキャッチアップしていく必要もあると思います。MOpsに関する最新情報は弊社ウェブサイト※1やMOpsコミュニティのMOps Japan※2で継続して発信していくので、ぜひブログやニュースレターをご購読ください。

※1　https://www.01growth.com
※2　https://www.marketingoperations.jp/

■本書の出版に関わった皆様への感謝

まずは本書の企画・編集まで長期にわたり、多大なるご支援をいただきました翔泳社の大久保遥さんに心からの御礼と深い感謝を申し上げます。企画段階から、きめ細かな読者視点のアドバイスをいただき本当にありがとうございました。

また、本書の実例インタビューにご協力をいただきました、旭化成株式会社 石川栄一様、Ｃｏｕｐａ株式会社 湯原良樹様、株式会社スマートドライブ 石野真吾様、株式会社マクニカ 堀野史郎様、皆様の実践者としての貴重なお話は多くの皆様に気づきを与えることと思います。多大なるご協力をいただき誠にありがとうございました。そして、丸井、廣崎の恩師でもあり、本書の推薦コメントおよび序章でメッセージをいただきましたジャパン・クラウド・コンサルティング株式会社 福田康隆様、いつも温かい目で私たちを見守っていただき本当にありがとうございます。皆様のますますのご活躍をお祈り申し上げます。

2023年5月

ゼロワングロース株式会社　丸井達郎、廣崎依久

索引

■ A～D

■ H～M

■ R～T

■ あ行

■ か行

■ さ行

■ た行

■ な行・は行

■ ま行

■ ら行

本書内容に関するお問い合わせについて

このたびは翔泳社の書籍をお買い上げいただき、誠にありがとうございます。弊社では、読者の皆様からのお問い合わせに適切に対応させていただくため、以下のガイドラインへのご協力をお願いいたしております。下記項目をお読みいただき、手順に従ってお問い合わせください。

●ご質問される前に

弊社ウェブサイトの「正誤表」をご参照ください。これまでに判明した正誤や追加情報を掲載しています。

正誤表　https://www.shoeisha.co.jp/book/errata/

●ご質問方法

弊社ウェブサイトの「刊行物 Q&A」をご利用ください。

刊行物 Q&A　https://www.shoeisha.co.jp/book/qa/

インターネットをご利用でない場合は、FAX または郵便にて、下記“翔泳社 愛読者サービスセンター”までお問い合わせください。
電話でのご質問は、お受けしておりません。

●回答について

回答は、ご質問いただいた手段によってご返事申し上げます。ご質問の内容によっては、回答に数日ないしはそれ以上の期間を要する場合があります。

●ご質問に際してのご注意

本書の対象を超えるもの、記述個所を特定されないもの、また読者固有の環境に起因するご質問等にはお答えできませんので、あらかじめご了承ください。

●郵便物送付先および FAX 番号

送送付先住所　〒 160-0006　東京都新宿区舟町 5
FAX 番号　03-5362-3818
宛先　（株）翔泳社 愛読者サービスセンター

著者プロフィール

丸井 達郎（まるい たつろう）

ゼロワングロース株式会社 代表取締役
株式会社マルケト（現アドビ株式会社）にてセールスおよびマーケティング分野の戦略コンサルタントとして、実現性の高い戦術設計に重点を置いたフレームワークを活用して、多くの顧客企業のDXを成功に導く。また、グローバルでわずか6名しかいない戦略コンサルティングチームにも所属し、グローバル規模の大型プロジェクトもリードした。オンライン広告やウェブサイト最適化、マーケティングオートメーションおよびSFAをはじめとしたセールステックまで幅広い知識を有し、自身もマーケターとして、企業の成長に大きく貢献した経験を持つ。テクノロジースタートアップ企業の海外進出などにも従事している。2021年ゼロワングロース株式会社設立、代表取締役に就任。著書に『「数字指向」のマーケティング』（翔泳社）がある。

廣崎 依久（ひろさき いく）

ゼロワングロース株式会社 取締役
大学在学中に株式会社マルケト（現アドビ株式会社）にてマーケティングインターン終了後、渡米。大学院にてマーケティングを学んだのちシリコンバレーに移りEd Techのスタートアップ企業、Couseraにてエンタープライズマーケティングオペレーションに従事。その後シンガポールに渡りAd Tech ベンダーのMediaMath にてAPAC 地域のグローバルマーケティングオペレーションを担当。デジタルマーケティングのみならず、イベント・PR の実行経験も持つ。現在はゼロワングロース株式会社にてGrowth Strategy をリードし、クライアント企業へのコンサルティングサービス開発のみならず、自社の教育サービス開発なども担当する。

装丁・本文デザイン　小口 翔平＋後藤 司＋嵩 あかり（tobufune）
DTP　株式会社 明昌堂

マーケティングオペレーション（MOps《エムオップス》）の教科書
専門チームでマーケターの生産性を上げる米国発の新常識

2023 年 5 月 15 日　初版第 1 刷発行

著 者　丸井 達郎、廣崎 依久
発行人　佐々木 幹夫
発行所　株式会社 翔泳社（https://www.shoeisha.co.jp）
印刷・製本　中央精版印刷 株式会社

本書へのお問い合わせについては、311 ページに記載の内容をお読みください。

落丁・乱丁はお取り替えいたします。03-5362-3705 までご連絡ください。

ISBN 978-4-7981-8027-4　Printed in Japan